Jaap van de Weg

geistes
  gegenwart

Jaap van de Weg

geistes gegenwart

das einmaleins der inneren balance

 Verlag Urachhaus

Aus dem Niederländischen von Conrad Schaefer

Die Originalausgabe erschien 2007 unter dem Titel
Ontmoet jezelf. Breng orde in je leven
bei Uitgeverij Vrij Geesteleven, Zeist.

ISBN 978-3-8251-7532-0

Erschienen 2007 im Verlag Urachhaus
www.urachhaus.com

Inhalt

Teil 2
Abstand gewinnen –
Übungen zur Schulung der Geistes-Gegenwart

Teil 3
Spiritualität, Reinkarnation und Karma

Sitzbild des Königs Chephren mit dem Horusfalken.
König von Ägypten von 2510–2485 v. Chr. Fundort: Gizeh.

Einleitung
Der Pharao und sein Falke

Der Pharao Chephren, dessen Porträt hier abgebildet ist, herrschte um 2550 v.Chr. über Ägypten und war der Erbauer einer der größten Pyramiden bei Gizeh, die heute jedes Jahr von unzähligen Touristen besucht werden.

Die Statue, die hier in einem Ausschnitt zu sehen ist, stand früher in seinem Tempel. Heute steht sie im Ägyptischen Museum in Kairo. Eine Besonderheit dieser Skulptur ist der Falke, der hinter dem Kopf des Pharaos sitzt. Dieser Falke blickt gewissermaßen über seine Schultern und schaut für ihn mit. Er flüstert seinem Herrscher etwas ein, wenn es nötig ist.

Es gibt mehrere solcher Standbilder, die einen Pharao mit einem Falken darstellen, doch dieses gehört zu den sprechendsten. Was wird hier sichtbar gemacht?

Der Falke ist ein Symbol für Horus. Horus ist der Sohn der Isis und des Osiris, zwei der höchsten ägyptischen Götter. Der Pharao wurde als »Kind der Götter« betrachtet, als Stellvertreter des Horus auf Erden. Dadurch konnte er das Land aus göttlicher Inspiration heraus führen. Oberflächlich betrachtet war er ein Mensch. Wenn man direkt vor der Statue steht, sieht man den Falken nicht, nur den Menschen. Von der Seite aus sieht man jedoch die geistige Wirklichkeit, wie sie der alte Ägypter erlebte: Der Falke als Symbol für etwas Göttliches flüstert dem Pharao seine Inspirationen zu. Der Pharao konnte diese Botschaften empfangen, da er sich während der Vorbereitung zur Ausübung seines Amtes einer Einweihung unterzog. Dies bedeutete, dass er in das Geheimwissen der göttlich-geistigen

Welt eingeweiht wurde, und aus diesem geheimen Wissen heraus handelte er. Diese Einweihung war eine geistige Handlung, bei welcher ein Teil der Seele des Pharaos von seinem Körper gelöst wurde. Dieser Teil der Seele war dann in der Lage, zeitweilig in die geistige Welt zu blicken und dort geistige Erkenntnisse aufzunehmen. Menschen mit Nahtoderfahrungen haben in unserer Zeit solche Dinge ebenfalls erlebt, doch diese Erfahrungen sind fragmentarischer und vollziehen sich ohne die Vorbereitung, die die Pharaonen erhielten. Durch diese Vorbereitung konnte sich der Pharao viel besser in der anderen Welt bewegen, seine Erfahrung war noch viel intensiver.

Im Laufe der Zeit hat sich dieses Bild in Ägypten verändert. Der Falke verschwindet und der Pharao wird immer mehr zu einem normalen Menschen. Er verliert die Fähigkeit, direkt in die geistige Welt zu blicken und muss sich immer stärker auf seine menschlichen Fähigkeiten stützen. Der Mensch wird im Laufe der Jahrhunderte immer mehr Mensch, er verliert seine unmittelbare Verbindung mit den konkreten Erfahrungen der göttlichen Welt.

Während einer gewissen historischen Periode bewegte sich der Mensch geistig gesehen im Dunkel. Das Wissen und die direkte Erfahrungsmöglichkeit der geistigen Welt wurden zunehmend zu einem *Glauben* an sie, wobei der Glaube sich auf Schriften aus jener Zeit stützte, da die Menschen noch eine unmittelbare Erfahrung dieser geistigen Welt hatten. Letztendlich kam es zum Tod Gottes selbst, um mit Nietzsche zu sprechen.

Im Laufe des 20. Jahrhunderts hat sich hierin eine Wende vollzogen. Zunehmend mehr Menschen verlieren den Glauben, wie sie ihn in den Kirchen erlernt haben. Die Kirchen entvölkern sich. Und nun sieht man wiederum, wie immer mehr Menschen ihr eigenes Verhältnis zum Geistigen suchen.

In diesem Zusammenhang steht auch unser Thema der *Geistes-Gegenwart*. Es geht darum, mit sich selbst im Einklang zu sein und

Schritt für Schritt zu dem Menschen zu werden, der man eigentlich ist. Was bedeutet das? Es deutet auf das Erleben der Tatsache hin, dass in uns etwas Ur-Eigenes, Individuelles ist, nach dem wir uns auf die Suche begeben können. Wenn wir von diesem individuellen Standpunkt aus handeln können, werden wir immer mehr Mensch. Wir entdecken, dass alle Nebensächlichkeiten, die sich in uns befinden, diesem Wesentlichen im Wege stehen – und dass wir sie überwinden können. Stress, Angst, Unsicherheit und Kompensationsverhalten müssen verschwinden, damit das Eigentliche, Authentische in uns zum Vorschein kommt. Dies ist ein lebenslanger Wachstums- und Entwicklungsprozess, der viele Hindernisse kennt. Krankheiten und Widrigkeiten können in diesem Zusammenhang wertvolle Erfahrungen darstellen. Wenn es uns gelingt, diese gut zu durchstehen, können wir sehr viel Wesentliches über uns selbst lernen. Allmählich entsteht so etwas wie das alte Bild des Pharaos mit seinem Falken: In uns ist etwas erweckt worden, das über unsere Schulter blickt und uns inspiriert. Dies schenkt uns die Fähigkeit, ›über uns‹ zu stehen und die Dinge von einer höheren Warte aus zu betrachten.

Was wir brauchen, um diesen Entwicklungsweg im Leben zu gehen, sind vor allem zwei Dinge:
1. die Erkenntnis dessen, welche Hindernisse auftreten können;
2. ausreichende Ich-Kraft, um diese Hindernisse zu überwinden.

Dieses Buch will dazu einen Beitrag liefern.

Seelenverwirrung

Wir können manchmal gehörig durcheinander geraten aufgrund der vielen unterschiedlichen Ereignisse, die sich in unserem Leben ereignen. Hier ein Beispiel für eine solche Verwirrung:

Ich wurde mit einer Körperbehinderung geboren. Man weiß nicht, wo die Ursache lag, doch meine Arme sind zu kurz. Sie haben nur die halbe Länge normaler Arme. Ich komme ganz gut damit klar, doch ich brauche häufiger Hilfe, zum Beispiel, wenn ich größere Gegenstände tragen will. Ich habe auch Schwierigkeiten damit, schwere Dinge zu transportieren. Ich muss dabei fast immer jemanden um Hilfe bitten, und weil es mir prinzipiell nicht leicht fällt, jemanden um etwas zu bitten, werde ich auch eher müde und überfordere mich schnell.

Oft sehe ich, wie Menschen mich anschauen, wenn ich über die Straße gehe. Ich kann dann fast ihre Gedanken lesen: »*Schau dir die mal an! Was für ein eigenartiges Gesicht die hat! Die kann einem leid tun!*« *Dann schäme ich mich und wäre am liebsten unsichtbar. Im Sommer noch stärker als im Winter, denn wenn ich einen dicken Mantel trage, sieht man mein Handicap weniger. Darum trage ich auch im Sommer häufig einen dickeren Mantel. Das ist dann zwar viel zu warm, aber immerhin falle ich weniger auf.*

Wenn ich nackt vor dem Spiegel stehe und meinen Körper betrachte, ekelt er mich manchmal richtig an! Ich habe das Gefühl, dass mein Körper mich im Stich gelassen hat und dass mir dies das Leben viel schwerer macht. Ich will das nicht, ich will auch ein normaler Mensch sein!

Festivitäten vermeide ich meistens. Ich gehe nur zu Festen oder Partys, wenn ich die meisten Menschen bereits kenne. Innerhalb des Familienkreises ist das kein Problem. Sie kennen mich alle und sie sehen fast nicht mehr, dass ich ein Handicap habe. Dann fühle ich mich zu Hause.

Mit solchen Armen fällt es einem auch schwerer, mit Anderen Bekanntschaft zu schließen. Immer steht meine Behinderung dazwischen. Andere Menschen finden es auch schwieriger, mit Behinderten umzugehen als mit normalen Menschen. Sie fühlen sich irgendwie gehemmt, und ich bemerke das sofort. Dann habe ich rasch genug! Also gehe ich auch nicht viel aus. Im Grunde stehe ich doch ziemlich allein da mit all dem.

Ich will nicht länger so leben. Ich sehe Menschen mit Behinderungen, die es auch anders schaffen, die freier sind. Wie kann ich das auch lernen?

Was hier beschrieben wird, ist ein Dokument der Verwirrung. Verwirrung, weil hier mehrere unterschiedliche Ebenen durcheinanderlaufen. Die Frau, die mir diese Geschichte erzählte, hatte in einem Dickicht verschiedenster Umstände ihren Weg verloren. Sie fühlte sich von ihrem Körper im Stich gelassen; sozial war sie gehemmt, und es fehlte ihr das Gefühl, stark im Leben stehen zu können.

Diese Art von Verwirrung ist etwas, was viele Menschen kennen. Dabei kann es sich um ganz unterschiedliche Dinge handeln. In unserem Beispiel beginnt es mit der körperlichen Behinderung. Als Folge dessen kommt eine Kettenreaktion in der Innenwelt der Betreffenden in Gang. Zunächst ein Gefühl der Enttäuschung über die Behinderung. Dieses kann wiederum zu einer Enttäuschung über das Leben im Allgemeinen führen. Wenn diese Enttäuschung nicht verarbeitet wird, kann als Reaktion Wut entstehen. Oder ein Selbsturteil: Aufgrund meiner Behinderung bin ich weniger wert als andere.

Ein nächster Schritt innerhalb der Kettenreaktion kann dann ein Verhalten sein, das auf das Vermeiden unangenehmer Situationen ausgerichtet ist. Alle diese Reaktionen fressen Energie, und dies wiederum kann zu starker Ermüdung führen. Die Hoffnung und das Vertrauen auf die Zukunft verschwinden.

Noch ein weiteres Beispiel:

In letzter Zeit habe ich wieder mit dem Rauchen angefangen. Ich hatte schon vor Jahren damit aufgehört, doch meine Lebenssituation war sehr angespannt. Ich konnte sie nicht richtig bewältigen, und plötzlich habe ich mir wieder eine Zigarette angesteckt. Ich kann es eigentlich überhaupt nicht leiden, dass ich das tue. Im

Moment selber beruhigt es zwar kurz, aber dann rieche ich den
ekeligen Mief wieder an meinen Kleidern.
Ich weiß doch, wie schlecht es für mich ist! Früher hatte ich öfter
Bronchitis. Dies hörte auf, als ich mit dem Rauchen stoppte. Jetzt
huste ich natürlich auch wieder mehr.
Ich finde eigentlich, dass ich mit dem Rauchen aufhören muss.
Aber es klappt immer nur ganz kurz.
Ich bin schon fünfundfünfzig, eigentlich müsste ich doch allmäh-
lich in der Lage sein, anders damit umzugehen!

Auch hier sehen wir Verwirrung. Der Mann, der dies berichtet, wurde mit Stresssituationen konfrontiert, mit denen er nicht gut umgehen konnte. Von seinem Unbewussten bekam er eine ›Lösung‹ für
diese Spannung angeboten, die er instinktiv von früher her kannte:
die Zigarette. Der Körper reagiert darauf mit Husten. Seine Reaktion
auf all das ist ein wachsender Unfriede. Die Spannung löst sich nicht
wirklich, ein Gefühl der Unzufriedenheit mit sich selbst stellt sich
ein. Hinzu kommen auch ein Urteil und eine Erwartung in Bezug
auf sein Alter: Eigentlich müsste ich doch allmählich anders damit
umgehen können, in meinem Alter!

Spannung, Rauchen, die Hustenreaktion, das Urteil über das Rauchen, die Ohnmacht hinsichtlich der Spannung, das Urteil darüber,
was man als Fünfundfünfzigjähriger eigentlich können müsste – es
ist eine Fülle von Kräften, die in der Innenwelt wirken. Und diese
rufen Verwirrung hervor, wenn man in einem solchen Moment nicht
über den Überblick verfügt, Haupt- und Nebensachen voneinander
zu unterscheiden, wenn man nicht über die steuernde Kraft verfügt,
zu einer echten Lösung zu gelangen, um die es eigentlich geht: das
Umgehen mit der Spannung, das aktive Verändern der Umstände,
die diese Spannung verursachen.

Im ersten Beispiel gilt etwas Ähnliches: Es liegt eine körperliche
Behinderung vor. Das ist etwas wirklich Unangenehmes, denn da-

durch hat die betreffende Person deutliche Einschränkungen bei allem, was sie tut. Aber was geschieht dann? Es werden selbstständig noch weitere Faktoren hinzugefügt: ihr Ärger über ihren Körper, ihr Urteil, dass ihr Körper sie im Stich lässt, das Gefühl, zu versagen, die Angst vor der Befangenheit der anderen Menschen, das Vermeiden von Konfrontationen.

Zum Glück kann man mit Behinderungen auch anders umgehen, und zwar auf eine Art und Weise, die erkennt, dass das Handicap lediglich im *Körper* sitzt und nicht etwa in der Seele. Ein anderer Ansatz, von dem mir kürzlich jemand berichtete, der selbst eine Behinderung hatte, ist dieser: Eine Einschränkung ist etwas in meinem Körper, die Behinderung sitzt in meiner Seele.

Verwirrung ist also etwas, dem wir im täglichen Leben häufig begegnen. Meistens gehen solche Momente der Verwirrung im Laufe der Zeit von selbst rasch vorbei. Manchmal aber spielt diese Verwirrung im Hintergrund eine entscheidende Rolle; sie kostet uns Energie, sie kann uns schlaflose Nächte bescheren. Oder sie sorgt für Verunsicherungen in Bezug auf verschiedene Dinge, wobei wir häufig gar nicht merken, was sich im Hintergrund abspielt.

Die Verwirrung, wie wir sie hier beschrieben haben, steckt vor allem in unserer Innenwelt, wo Gedanken, Gefühle und Willensimpulse miteinander zusammenstoßen. Diese Innenwelt haben wir im Laufe des 20. Jahrhunderts immer besser ergründet. Wir verdanken dies vor allem den umfangreichen Forschungen auf dem Gebiet der Psychologie. Viel wurde darüber geschrieben, und wir können heute in Kursen oder durch Therapien lernen, wie die Kräfte in unserer Seele wirken.

Wenn wir diese Kräfte im Alltagsleben besser kennen und damit umgehen lernen wollen, können wir einen Schritt weiter gehen, indem wir sie mithilfe von Übungen strukturieren.

So kommen wir zur eigentlichen Zielsetzung dieses Buches.

Im ersten Kapitel machen wir Bekanntschaft mit dem Menschen in der alltäglichen Lebenspraxis. Wir können dies als ›biografische Menschenkunde‹ bezeichnen. Wie können wir verstehen, aus welchem Bereich unseres Menschseins eine bestimmte Wirkung stammt und woher wir eine Antwort erwarten dürfen? Wenn wir lernen, diese Dinge differenziert anzuschauen, kann uns das helfen, die Verwirrung zu vermindern.

Dann folgen einige Kapitel über unsere Veranlagung, die Konstitution. Hier werden häufig auftretende Hindernisse beschrieben, denen wir bei uns und bei anderen begegnen.

Im zweiten Teil des Buches folgt eine Reihe von Übungen, die uns dabei helfen, unsere innere ›Steuerkraft‹ zu verstärken und *Geistes-Gegenwart* zu entwickeln.

Der letzte Teil bringt geistige Gesichtspunkte, womit die Übungen noch eine weitere Dimension erhalten. Diese Dimension bietet auch Anknüpfungspunkte für weiterführende Gedanken zum Thema Reinkarnation und Karma.

teil 1 biografische menschenkunde

Unterscheiden lernen

Unterscheidenkönnen bedeutet, dass man den unterschiedlichen Charakter bestimmter Erscheinungen erkennt. Dadurch kann man Ordnung schaffen und verstehen, wie Prozesse funktionieren. Etwas zu *unter-scheiden* ist etwas anderes als *Scheiden* im Sinne von *Trennen*. Beim Unterscheiden gelangt man zu Erkenntnissen über die Wirksamkeit unterschiedlicher Faktoren, die nicht voneinander zu trennen sind.

Ich las kürzlich ein Buch über das Mittelalter. Darin wurde beschrieben, wie die Menschen in jener Zeit häufig in Angst lebten, etwa in Angst vor bestimmten Naturerscheinungen. Ein plötzliches Unwetter konnte im wahrsten Sinne ›aus dem Himmel‹ fallen. Seine Heftigkeit war etwas Bedrohliches, das Phänomen hatte etwas Beängstigendes. Die Menschen suchten eine Bedeutung dahinter. Häufig deuteten sie es als eine Strafe oder als eine Warnung Gottes, auf dem rechten Weg zu bleiben, bzw. zu ihm zurückzukehren. Das verlieh dem Phänomen einen beängstigenden, magischen Hintergrund. Heute wissen wir viel mehr über das Wetter. Der Wetterdienst warnt uns im Voraus vor Unwettern der nächsten Tage. Durch unsere wissenschaftlichen Erkenntnisse beispielsweise über Hoch- und Tiefdruckgebiete sind wir heute in der Lage, zu durchschauen, wie solche Wetterphänomene zustande kommen. Dadurch verstehen wir sowohl kurzfristige als auch längerfristige Phänomene besser.

So, wie wir es beim Wetter gelernt haben, es zu verstehen und dadurch auch besser damit umzugehen, kann uns die Unterscheidung der unterschiedlichen Gesichtspunkte auch in der Menschenkunde helfen, noch nicht durchdrungene Themen, die uns in unserem Leben begegnen, zu durchschauen und mit ihnen umzugehen.

Wir wollen noch einmal auf das Beispiel des einleitenden Kapitels zurückkommen. Darin beschrieb ich, wie jemand mit einer Körperbehinderung umging, sich schämte und das Handicap am liebsten los wäre. Welche unterschiedlichen Schichten lassen sich hier unterscheiden?

Zunächst einmal haben wir es hier mit einem Körper zu tun, der behindert ist. Diese Behinderung ist angeboren und es lässt sich an ihr medizinisch nichts ändern. Sie ist einfach eine Tatsache. Das ist Problem Nummer eins.

Die zweite Schicht ist die Schicht der seelischen Innenwelt. In ihr vollzieht sich sehr Unterschiedliches. Es wird in ihr ein Selbsturteil gebildet, in diesem Fall: Ich bin weniger wert mit meiner Behinderung. Dies ist Problem Nummer zwei.

Die Betroffene erlebt sich als Opfer ihrer Behinderung und hegt eine tiefe Antipathie gegen diese ihre ›andere Seite‹ – ihren Körper. Das ist Problem Nummer drei.

Dann ist da noch die Angst vor eventuellen Urteilen anderer und schließlich die Lösung dafür: das Vermeidungsverhalten. Und hier haben wir dann Problem Nummer vier.

Und schließlich gibt es, neben der körperlichen und der seelischen, noch eine dritte Schicht, aus der heraus die Betroffene sagen kann: Ich will es anders haben. Sie verfügt über ein gewisses Selbstbewusstsein, das in der Lage ist, aus einer bestimmten Distanz heraus auf sich zu blicken, und aus dem heraus sie erkennt, dass sie ein Verhalten zeigt, das sie in ihrer Freiheit behindert. Aus dieser Schicht kann sie zur Erkenntnis kommen und eine eventuelle Änderung einleiten. Und da liegt das Problem Nummer fünf; sie weiß nämlich nicht so recht, wie sie dies angehen soll.

An dem Problem der ersten Schicht, der Behinderung im Körper, lässt sich wenig ändern; nur medizinische Eingriffe können hier einen Ausweg bieten.

Die Probleme Nummer zwei, drei und vier auf der zweiten Ebene der seelischen Innenwelt hat sie gewissermaßen selbst geschaffen, und zwar als Reaktion auf die Behinderung ihres Körpers. Dies ist allerdings etwas, woran sie selbst vieles ändern kann.

Das Ich auf der dritten Ebene ist diejenige Kraft, die sie braucht, um etwas daran zu ändern.

Wenn man diesen drei Ebenen einen Namen geben möchte, muss man eine Auswahl aus unterschiedlichen Bezeichnungen treffen, die sich im Laufe der Zeit in den unterschiedlichen Denktraditionen herausgebildet haben.

Die erste Schicht wird durch den Körper gebildet, den stofflichen, physiologisch aktiven, ›greifbaren‹ Teil von uns.

Als zweite Schicht haben wir die Innenwelt, in welcher die Emotionen und Gefühle, das Denken und die Willensimpulse leben. Sie ist nicht fest und greifbar, sondern sehr beweglich und nicht-stofflicher Natur. In einer älteren Terminologie hieß dies die Seele, im Griechischen die Psyche. In der Psychologie wird sie häufig als »Persönlichkeit« oder »Selbst« bezeichnet.

Und als dritte Schicht haben wir jene Instanz, die steuernd auf die Prozesse, die sich in der Seele abspielen, einwirken und gewissermaßen als Wahrnehmender zuschauen kann. In der alten Terminologie wird sie als »Geist« bezeichnet. In der Psychologie wird diese Schicht häufig als die »Individualität« bezeichnet oder kurz als das »Ich«.

Im Rahmen dieses Buches werde ich im Folgenden die Begriffe Körper, Seele und Ich benutzen. Übersetzen Sie sie gegebenenfalls in Ihre eigene, persönliche Terminologie.

Wir sprachen bereits vom *Unterscheiden*. Es kann bei vielen Problemen hilfreich sein, zu unterscheiden, ob ein bestimmtes Phänomen seinen Ursprung im Körper, in der Seele oder aber im Ich hat.

Im oben angeführten Beispiel können wir von unterschiedlichen Problemen sprechen: im körperlichen Bereich eine Behinderung, in der Seele dagegen Urteile und Ängste. Als Drittes kann hier noch ein Ich-Problem hinzutreten, das darin besteht, dass ein Mensch nicht in der Lage ist, zu der notwendigen Erkenntnis zu gelangen, dass er bzw. sie selbst etwas zur Verbesserung beitragen kann, oder dass jemand sich nicht traut, die Verantwortung für sich zu übernehmen. Denn aus einem gesund funktionierenden Ich heraus kann man betrachten, was in seiner Seele geschieht, dafür die Verantwortung übernehmen und dann in dieser Seele bestimmten Ängsten und Urteilen entgegentreten.

So gibt es in unserem Beispiel drei Lösungsebenen:
1. Die erste Ebene erfordert eine medizinische Lösung, wenn diese möglich ist.
2. Die Probleme in der Seele erfordern, dass die Betreffende ihr Gefühl, ein Opfer zu sein, überwindet und die Behinderung zu einer Herausforderung ummünzt. Dann wird sie auch im Sozialen einfacher agieren können.
3. Das mangelnde Selbstbewusstsein kann man angehen, indem man zum Beispiel Ich-stärkende Übungen ausführt, wie sie im zweiten Teil dieses Buches beschrieben werden.

Wir werden nun zunächst tiefer auf die Einflüsse eingehen, die unser Verhalten und unser Erleben bestimmen und die mit der Art und Weise zusammenhängen, wie unser Körper arbeitet.

Der Körper

Bei unserem Körper können wir zwei Dimensionen unterscheiden: den materiellen Körper im engeren Sinn und den Körper in seiner lebendigen Form. Der Körper im engeren Sinn ist stofflich. Er ist wägbar und messbar, kurz, er ist ein physikalisches Objekt. Er ist gewissermaßen ein Ding, das den Naturgesetzen unterliegt. In diesem rein materiellen Zustand befindet sich unser Körper jedoch nur unmittelbar nach dem Tode. Dann ist er tatsächlich völlig den Naturwirkungen unterworfen. Er wird der Schwerkraft überlassen und dem Zerfall preisgegeben.

Während des Lebens ist der Körper jedoch kein *Ding*, sondern von Leben durchzogen. Alles im Körper ist in ständiger Bewegung. Es herrscht eine konstante Strömung von Blut, von Lymph- und Gewebeflüssigkeit. Und in der Gewebeflüssigkeit findet wiederum eine Strömung von Stoffen statt, die sich durch Diffusion zu ihrem Ort bewegen. Überall findet Wachstum statt, wodurch die Organe immer erneuert werden. Überalterte Bestandteile werden abgebaut.

Stellen Sie sich vor, Sie nehmen einen Schluck Wasser. Wenn Sie versuchen, den Weg dieses Schlucks durch Ihren Körper zu verfolgen, können Sie sehen, dass er zunächst vom Darm aufgenommen wird und im Blut landet. In der Tränendrüse zum Beispiel wird das Wasser wieder hervorgeholt und zu Tränenflüssigkeit umgewandelt, die das Auge feucht hält. Durch den Tränenkanal fließt das Wasser dann wieder zur Nase und letztlich in den Darm hinein, wo es aufs Neue aufgenommen wird. Wieder gelangt das Wasser ins Blut. In der Leber wird es vielleicht wieder aus dem Blut herausgeholt und jetzt als Baustein benutzt, um zusammen mit Kohlensäure daraus einen Zucker herzustellen. Über das Blut gelangt dieser Zucker in einen

Muskel. Wenn wir zum Beispiel einen Spaziergang machen, wird dieser Zucker verbrannt und setzt Energie für die Bewegung frei. Bei dieser Verbrennung wird das Wasser aufs Neue frei ... So könnte man beliebig weiter gehen. In einem bestimmten Moment, nach einigen Kreisläufen, wird dieser Schluck Wasser ausgeatmet oder ausgeschieden, um dann in den Kreislauf der Natur aufgenommen zu werden.

So ist alles im Körper in Bewegung. Um die Gesundheit zu erhalten, wird ständig daran gearbeitet, dass eine persönliche Balance in Bezug auf die Verfügbarkeit von Stoffen gegeben ist. Dafür gibt es endlos viele Regelungsmechanismen. Als Arzt kann man mittels Laboruntersuchungen genau nachprüfen lassen, wie die Zusammensetzung der diversen Stoffe im Körper beschaffen ist. Dabei wird darauf geachtet, ob alles in ausreichendem Maße vorhanden ist und keine Mängel oder Überschüsse da sind. Dies bezeichnet man dann als die »Normwerte«. Der Körper muss all diese Normwerte ständig erreichen und aufrechterhalten, außerdem muss er sie in der richtigen individuellen Balance halten. Auch hier herrscht eine unaufhörliche Bewegung.

Wie werden alle diese Prozesse aufrechterhalten und gesteuert? Man könnte meinen, dass dies von selbst geht bzw. dass sie einander gegenseitig im Gleichgewicht halten. Man kann auch vermuten, dass diese Prozesse von steuernden Kräften und Gesetzen impulsiert werden. Diese können wir als Lebenskräfte oder Lebensenergie bezeichnen, die jeglichen Stoff durchziehen und in zielgerichteter Bewegung halten. Diese Lebenskräfte sorgen für das rechte individuelle Gleichgewicht. Das Ganze dieser Lebenskräfte können wir ebenfalls als einen ›Körper‹ bezeichnen, so wie wir auch von einem Staatskörper oder Verwaltungsapparat sprechen. In diesem Fall können wir von einem ›Lebenskräftekörper‹ bzw. einem ›Ätherleib‹ sprechen.

Ein anderer Vergleich: Wenn wir den Verkehr betrachten, sehen wir große Zahlen von Menschen, Fahrrädern, Motorrädern oder Autos, die sich durcheinander bewegen. Zu bestimmten Momenten wird das Ganze belebter, in anderen ist es ruhiger. Im Verkehr kann man einfacher erkennen, welche steuernden Kräfte hier anwesend sind, die dafür sorgen, dass etwas so geschieht, wie es geschieht. In erster Linie stehen im Hintergrund die Verkehrsregeln, die regulierend wirken; etwa *Rechts vor links* oder die Einhaltung einer vorgeschriebenen Höchstgeschwindigkeit. Dahinter stehen eine regelgebende Instanz sowie eine Instanz, die diese Regeln kontrolliert, die Polizei. Des Weiteren gibt es eine andere Kategorie von Vereinbarungen: Von Montag bis Freitag arbeiten wir. Dies führt zu einer hohen Verkehrsdichte. Samstags und sonntags ist es etwas ruhiger auf den Straßen. Und bei allen sich bewegenden ›Objekten‹ steckt ein persönliches Motiv hinter der Bewegung: zur Arbeit fahren, Kinder zur Schule bringen, einen Tagesausflug unternehmen ... Alle diese Kräfte steuern zusammen den Verkehr.

Wenn man sich ein deutlicheres Bild von diesem Lebenskräftegeschehen im menschlichen Organismus machen will, kann die folgende Übung eine Hilfe dabei sein.

Wir betrachten zuerst den physischen Körper. Wie ist er gebildet, wie sieht er aus? Danach stellen wir uns vor, wie alles darin sich in Strömung befindet; wie Blut und Schleim und Lymphe ihn durchströmen, die Nahrungsstoffe mitnehmen, und wie diese Stoffe aufgebaut und wieder abgebaut werden. Wir können dies soweit vertiefen, wie unsere biologischen Kenntnisse es zulassen. Und dann können wir versuchen, dahinter den Strom der Lebenskräfte zu ›sehen‹. Wenn wir schließlich die ersten Bilder zur Seite schieben, bleibt nur ein ›Bild‹ der Lebenskräfte übrig. Hellsichtig begabten Menschen ist dieser Körper tatsächlich wahrnehmbar, als Kräfte innerhalb der Aura, das Energiefeld, das ein lebendiges Wesen umgibt.

Der Energiehaushalt

Alles, was im Körper geschieht, kostet Energie, kostet Vitalität. Es kostet eine gewisse Energie, zu wachsen und die Organe gesund zu halten. Daneben wird eine gewisse Menge von Energie benötigt für die Aufmerksamkeit, die wir für unsere Umgebung aufwenden. Auch Denken benötigt Energie, genauso wie heftige Emotionen. Es ist ein und derselbe Quell, der für diese unterschiedlichen Arten von Energie sorgt. Was wir für die eine Aufgabe benötigen, können wir nicht für eine andere verwenden.

Im Energiehaushalt des Körpers können wir vier Aspekte unterscheiden:

1. Energie für Aufbau und Instandhaltung des physischen Körpers;
2. Energie für die Aufmerksamkeit und das Ergreifen des Raumes;
3. Energie für das Denken;
4. Energie für Emotionen, Triebe und den Instinkt.

1. Energie für Aufbau und Instandhaltung des physischen Körpers

Der erste Aspekt der Lebenskraft zielt auf Aufbau und Instandhaltung des physischen Körpers. Diese Aktivität erkennen wir bei kleinen Kindern in ihrer reinsten Form. Wenn ich meine Enkelkinder betrachte, sehe ich, wie viel Kraft am Anfang für das Wachstum benötigt wird. Bereits in der Gebärmutter wird innerhalb kurzer Zeit ein kompletter Körper aufgebaut. Auch während der ersten Monate bleibt der Akzent auf dem Wachstum. Es bleibt nur wenig für Bewegung, Wahrnehmung oder Denken übrig, fast alles wird dazu benutzt, den Körper weiterzuentwickeln. Auch wenn wir erwachsen sind, bleibt ein Teil dieser Energie für die Regeneration des Körpers reserviert, sie wird auch für die Fortpflanzung eingesetzt.

Die Regeneration ist vor allem in Aktion, wenn wir schlafen. Dann werden die Vorräte aufs Neue nachgefüllt und es findet der Wiederaufbau dessen statt, was tagsüber abgebaut wurde. Wenn wir krank werden, wird diese Energieform beispielsweise für die Abwehr von Bakterien und Viren sowie für die Genesung der von der Krankheit angegriffenen Organe verwendet.

Diese Form der Lebenskraft wird also genutzt, um den Körper im engeren Sinn aufzubauen und instand zu halten. Er bietet uns als Menschen die Grundvoraussetzung, überhaupt zu leben und in einem Körper existieren zu können, noch bevor wir irgendetwas Sonstiges tun. Er sorgt gewissermaßen für ein vegetatives Dasein, so wie wir es bei Komapatienten erleben.

In der Pflanzenwelt ist diese Energie optimal wirksam. Die Pflanze braucht sich lediglich aufzubauen und instand zu halten. Dadurch hat sie eine große Reserve dieser Energie in Vorrat. Wird sie beschädigt, ist sie in viel höherem Maße als wir Menschen oder Tiere in der Lage, sich dieser Veränderung anzupassen.

2. Energie für die Aufmerksamkeit und das Ergreifen des Raumes

Wenn das Kind heranwächst, wird immer mehr von dieser Lebensenergie frei für die Seele, damit sie ihren gebührenden Stellenwert im Körper einnehmen und diesen als Instrument einsetzen kann. Die Seele durchdringt den Körper weiter und macht ihn sich immer mehr zu Eigen. Der Körper stellt Energie dafür zur Verfügung. Die frei gewordene Lebenskraft gebraucht dann das Kind, um eine Beziehung zu seiner Umgebung aufzubauen. Es schaut sich wacher um und nimmt seine Umgebung in sich auf. Es zieht die ersten Schlussfolgerungen, die es häufig für den Rest seines Lebens bleibend und stark beeinflussen werden. Hunger zum Beispiel ist eine unangenehme Erfahrung, und die Mutter ist diejenige, die diesen Hunger stillen kann – das ist angenehm. Wenn die Mutter ins Bild kommt, empfinden wir Erleichterung und Befriedigung.

Das Ergreifen des Raumes verbraucht Energie, die jetzt nicht länger für das Wachstum verwendet werden kann. Es findet eine Verschiebung statt vom reinen Wachstum zu einem stärkeren Leben in der Wahrnehmung und der Aufmerksamkeit für die Umgebung.

Im Zuge dessen verlagert die Energie sich auch stärker in die Gliedmaßen. Das Kind erobert diese allmählich und lernt sie zu gebrauchen, um die Umgebung zu erkunden. Es beginnt, nach Dingen zu greifen und sie in seinen Mund zu stecken, um sie zu schmecken. Es beginnt zu kriechen, zu sitzen, zu stehen und zu laufen. Es lebt sich immer stärker in die Umgebung ein und benutzt dafür immer mehr von seinen Lebenskräften, um nun auch zu spielen, die Umgebung weiter zu erkunden und Beziehungen herzustellen. In seinen Bewegungen bilden sich Muster heraus, die Gewohnheitshandlungen. Dies sind die Handlungen, die allmählich zu Gewohnheiten geworden sind, weil sie häufig wiederholt werden. Gewohnheiten nisten sich, wenn sie unbewusst geworden sind, auf dieser Energieebene gewissermaßen ein.

So erfüllt das Kind ein immer größeres Lebensgebiet: Sein Territorium weitet sich immer mehr aus. Dieses Territorium ist ein Gebiet, das es kennt und in dem es sich zu Hause fühlt. Es kann es mit seiner Lebenskraft erfüllen. Zunächst handelt es sich nur um die Wiege, dann um das Kinderzimmer oder das Wohnzimmer, und allmählich breitet es sich immer weiter in die Umgebung aus.

Mein Sohn war eine ruhige Natur. Sein Lebensgebiet war der Teppich unseres Wohnzimmers. Er kannte den Rest des Hauses nur aus der Perspektive des Getragenwerdens. Eines Tages erlebte er offenbar, dass sein persönliches Lebensgebiet reif für eine Erweiterung war. Er kroch über die Grenze des Teppichs, durch das Zimmer, durch das angrenzende Zimmer in den Gang hinein und schließ-

lich um die Ecke bis in die Küche. Mit strahlender Miene erschien er dort, während ich am Herd stand und kochte. Seit diesem Augenblick war sein Territorium bedeutend größer.

Auf dem Gebiet der Aufmerksamkeit lassen sich zwei Ströme unterscheiden: ein von außen nach innen und ein von innen nach außen verlaufender. Durch den ersten Strom nehmen wir die Dinge in uns auf und eignen sie uns an. Hier handelt es sich also um *Interesse*. Durch den zweiten Strom breiten wir uns immer mehr aktiv in unserer Umgebung aus. Unser Aufmerksamkeitsfeld weitet sich. Dem verdanken wir, dass wir in einer bekannten Umgebung auch im Dunkeln den Weg finden können. Oder, wie unlängst jemand sagte: »Nach einem Umzug fühle ich mich erst dann richtig zu Hause in meinem neuen Heim, wenn ich blindlings die richtigen Lichtschalter finden kann. Dann ist meine räumliche Energie über das Haus verteilt.«

Manchmal bemerken wir, wenn wir über längere Zeit hinweg sehr müde sind, dass dieses Aufmerksamkeitsfeld nachlässt, kleiner wird. Wir entdecken zum Beispiel, dass wir Dinge häufiger verlegen. Wenn wir etwas mit Aufmerksamkeit weglegen, bleibt es gewissermaßen in unserem Aufmerksamkeitsfeld bewahrt. Wenn wir etwas gedankenlos zur Seite legen, können wir es außerhalb unseres Aufmerksamkeitsfeldes ablegen, und dann haben wir es im wahrsten Sinne verlegt.

Wenn unsere räumliche Energie zu schwach wird, werden wir rasch schreckhaft. Die Eindrücke dringen zu schnell in uns ein, ohne dass diese Energie sie auffangen kann.

Aufmerksamkeit können wir als eine Art Energiewirkung erleben, wobei sich die Energie etwa auf einen anderen Menschen oder Gegenstand richtet. Unsere Lebensenergie breitet sich durch den Raum hindurch aus, hin zum anderen.

Wir sehen, dass bei diesem Freiwerden der vitalen Energie, um einen Raum zu füllen, bereits bei Kindern eine deutliche *Differenzierung* auftritt. Beim einen Kind strömt mehr Vitalität zum Kopf. Es wird stärker zum Wahrnehmer. Bei einem anderen strömt sie mehr in Beine und Arme. Dort bildet sich dann mehr ein ›Tatmensch‹ heraus. Und ein Dritter hält seine vitale Energie lange an den Bereich des Aufbaus gebunden. Er wächst schnell und ist spät dran mit Laufen- und Sprechenlernen.

Wie diese Verteilung sich gestaltet, hängt einerseits mit der Eigenanlage des Kindes, und andererseits mit der Vererbung und den Lernprozessen zusammen, die ihm in jungen Jahren angeboten werden. So entsteht eine Differenzierung zwischen den verschiedenen Kindern.

3. Energie für das Denken

Die dritte Ebene der Vitalität entsteht durch die Metamorphose von Lebensenergie in Denkkraft. Beim Denken werden dieselben kreativen Kräfte benutzt, die auch für den Aufbau des Körpers notwendig sind. Jetzt werden sie von ihrer Verbindung mit dem stofflichen Körper befreit und dafür verwendet, Bilder und Begriffe zu bilden. So wie zunächst aus einfachen Aminosäuren Eiweiße aufgebaut werden, werden jetzt verschiedene Wahrnehmungen miteinander zu bildhaften Gedanken verbunden. Mehrere solcher Gedanken können zu einem zusammenhängenden Denksystem zusammengefügt werden.

Das Gedächtnis ist hier ein Teil des Denkens. Auch für Erinnerung und Gedächtnis werden die frei gewordenen Lebenskräfte benutzt.

Beim kleinen Kind werden zunächst nur wenige Lebenskräfte zu Denkkräften metamorphosiert. Zuerst werden die Lebenskräfte vor allem für die Ausgestaltung des Körpers und der Raumeroberung benutzt. Um die Zeit des Zahnwechsels herum hat der Körper seine mehr oder weniger endgültige Form erreicht und kann bestimmte Kräfte eher zugunsten des Denkens entbehren. Vor dieser Zeit ist es gut, nicht zu stark an die Denkkräfte der Kinder zu appellieren, indem man ihnen zu viele Eindrücke über das Fernsehen oder den Computer anbietet. Exaktes Denken und Lernen, wie zum Beispiel Lesen- und Rechnenlernen, geht in diesem Alter sonst leicht auf Kosten des Körperaufbaus. Nach dem Zahnwechsel wird dies anders.

Das Freiwerden der Lebensenergie zur Unterstützung des Denkens findet während der Adoleszenz bis hin zum Erwachsenenalter in immer stärkerem Maße statt. Das Wachstum hört auf, die Regeneration und die Instandhaltung jedoch bleiben. Weil Wachstum vor allem während des Schlafs stattfindet und dies weniger Zeit erfordert, nimmt das Schlafbedürfnis während des Älterwerdens auch allmählich ab, ebenso wie die Regenerationsfähigkeit.

Die Denkkraft kann jedoch immer stärker eingesetzt werden. Erfahrungen werden gemacht und mit Bewusstsein verbunden. Es entsteht immer mehr Lebensweisheit. Das ist die Ernte des Alters. Leider wird in unserer heutigen Zeit die Lebensweisheit des Alters weniger geschätzt als der vitale Schwung der Jugend.

Alle Kraft, die dafür benutzt wird, zum Denken, zur Erkenntnis und zur Weisheit zu gelangen, ist also ein Geschenk, das der Körper unserer Seele macht. Der Körper opfert sich dafür im Laufe des Älterwerdens immer mehr auf.

4. Energie für Emotionen, Triebe und den Instinkt

Eine vierte Energieebene ist die mehr tierisch geprägte Energie, aus welcher Instinkt und Triebe entstehen. Der Instinkt und die Triebe werden aus der Körperphysiologie hervorgerufen. In der Physiologie werden Stoffe hergestellt, die ein bestimmtes Verhalten auslösen. Häufig reagiert der Körper auf äußere Reize durch die Produktion solcher Stoffe. Hormone spielen dabei eine wichtige Rolle.

Beispiele für *Triebe* sind der Überlebenstrieb, der Fortpflanzungstrieb, der Nestbautrieb, der Versorgungs- und Territoriumstrieb. Es sind primitive Muster, die für alle Tiere einer bestimmten Gattung gleich sind. Alle Vögel einer bestimmten Art bauen in derselben Zeit dieselbe Art von Nest und sie werden auch in derselben Zeit fruchtbar. Sie haben dasselbe Balzverhalten, mir dem sie einen Partner suchen. Bei einer anderen Vogelart sind diese Muster wiederum etwas abweichend geartet. Und so ist es im gesamten Tierreich.

Solche Muster sind beim Menschen ebenfalls rudimentär anwesend. Auch wir haben einen Reviertrieb und einen Nestbautrieb, der eine stärker als der andere. Wenn man bei Google das Wort Reviertrieb eingibt, so finden Sie dort überraschend viele Texte über diesen Trieb, wie er bei Menschen auftritt. Da liest man über den Raum, den man für sich selbst um sich herum haben möchte. Am Arbeitsplatz zum Beispiel ein eigenes Büro, wo man seine Sachen liegen lassen und die eigenen Bilder an die Wände hängen kann. Zu Hause ist das möglich, indem man seine Gegenstände um sich herum ausbreitet oder einen eigenen Stuhl oder einen eigenen Platz am Tisch hat. So kann auch in einer Familie ein unbewusster Kampf um das Revier entstehen, wenn der eine seine Habseligkeiten dafür benutzt, sein Territorium abzugrenzen, während ein anderer sein Territorium wiederum dadurch bildet, dass er diese Siebensachen aufräumt und die eigenen Gegenstände an deren Stelle legt. Es ist recht reizvoll, einmal zu beobachten, wie es auf diesem Gebiet, dem eigenen ›Territorium‹, zu Hause so bestellt ist. Wer ›besitzt‹ welchen Teil des Hauses?

Jetzt noch ein Beispiel für *instinktives* Verhalten, zum Beispiel bei einer Katze. Wenn im Frühjahr die Lichtkräfte stärker werden, aktiviert das bei den weiblichen Katzen die Produktion des Hormons Östrogen. Das Östrogen impulsiert die Eireifung, das Ei wird zur Befruchtung bereit. Dann beginnt die Katze, einen bestimmten Geruchsstoff durch ihre Vagina auszuscheiden, der Kater anzieht. Das Ei hat sich dann noch nicht aus dem Eierstock gelöst.

Bis hierhin wird die erste Schicht der Energie beschrieben, die physiologischen Prozesse und wie diese Prozesse auf äußere Reize wie zum Beispiel das Tageslicht und die Jahreszeiten reagieren. Diese physiologischen Phänomene führen daraufhin zu einem spezifischen Verhalten, das den Katzen eigen ist. Das Verhalten, das daraus resultiert, nennt man Rolligkeit. Die Katze beginnt nun jammernd zu miauen, und während sie sonst sehr häuslich sein kann, versucht sie jetzt zu entwischen. Sie will ins Freie, auf die Suche nach Katern. Die wissen aufgrund des Miauens und durch den Geruchsstoff, den die Katze ausscheidet, genau, was die Stunde geschlagen hat. Bei ihnen wird ebenfalls aufgrund der für sie spezifischen Hormone sofort ein Trieb geweckt. Auch hier also eine Reaktion auf einen äußeren Reiz. Die Katze wedelt mit dem Schwanz, hebt ihn und bietet ihre Vagina an. Der Kater hat dies schon von fern gerochen und fühlt sich dadurch unwiderstehlich angezogen, er deckt die Katze. So wird eine Katze häufig von mehreren Katern gedeckt, und erst dann wird das Ei für die Befruchtung frei.

Dieses ganze Muster ist typisch und spezifisch für Katzen. Es ist kein individuelles Muster, sondern alle Katzen und Kater spielen in ihm dieselbe Rolle. So ließen sich noch viele Geschichten über Instinkte erzählen.

Ein deutliches Beispiel für die Wirkung des Instinktmäßigen beim Menschen kenne ich in Form der Klagen vieler Frauen hinsichtlich ihrer Menstruation. Es handelt sich dabei um eine relativ kleine Schwankung innerhalb der hormonellen Wirkungen, da etwas mehr von einen Hormon und etwas weniger von einem anderen entwickelt wird. Durch diese physiologische Veränderung kann sich das Erleben dessen, was in der Umgebung geschieht, beträchtlich verändern – und dadurch auch das eigene Verhalten. Bricht die Menstruation durch, findet wiederum eine Veränderung in der Hormonbilanz statt, woraufhin die Frau sich wieder ganz anders fühlt. So habe ich Frauen erlebt, die immer kurz vor der Menstruation ernsthafte Zweifel an ihrer Beziehung zu hegen begannen. Brach die Menstruation durch, waren diese Zweifel wieder verschwunden. Die hormonelle Gegenwirkung hatte zu dieser Reaktion geführt. Das konnte sich jeden Monat wiederholen, ohne dass es bei den Betreffenden ins Bewusstsein gedrungen wäre, dass ihre Zweifel mit dem weiblichen Zyklus zusammenhingen.

Hier erkennen wir die Wirkung des Körpers auf den Menschen. Auch hier ist einen Moment lang die Wirkung des Instinkts sichtbar. Charakteristisch dafür ist, dass sie normalerweise unbewusst bleibt. Erst wenn sie zum Bewusstsein kommt, wird sie besser steuerbar. Dann können wir uns als Menschen von unseren Instinkten frei machen.

Müdigkeit

Die oben beschriebenen unterschiedlichen Aspekte der Lebenskraft bilden ein zusammenhängendes Ganzes. Sie stehen in einer Verbindung miteinander und beeinflussen sich wechselseitig. Jeder individuelle Mensch muss darin sein eigenes Gleichgewicht finden. So kann der eine Aspekt solide und stabil ausgeprägt sein, während ein anderer rascher zu Beschwerden führt. Der eine wird selten krank, fühlt sich jedoch rasch müde, während dies bei einem anderen genau umgekehrt ist. Zu viel Verbrauch von Energie auf der einen Ebene kann sich in Klagen über Mängel auf einer anderen äußern.

Hierzu ein paar Beispiele aus der Praxis:
▶ Ein Mensch hat zu hart gearbeitet und dabei zu viel seiner Denkenergie benutzt. Die körpergebundene Energie reichte nicht für

die Abwehr aus, und der Betreffende erkältete sich. Die Erkältung hielt an, weil zu wenig Vitalität im Körper war, um sie zu überwinden. Ausreichende Vitalität kann sich in einer kräftigen Reaktion des Körpers auf Eindringlinge äußern: Fieber, eine Zeit des Krankseins und danach rasche Besserung.

- Eine Frau war übermüdet, weil sie zu lange für einen anderen Menschen hatte sorgen müssen. Ihre Energie reichte nicht mehr aus. Sie bemerkte, dass sie sich häufiger an Türrahmen stieß oder häufiger als sonst ihre Sachen verlegte. Auch bemerkte sie, dass sie die Neigung hatte, sich zu täuschen: Beim Abräumen des Tisches nach dem Frühstück stellte sie die Wurst in den Schrank und den Honig in den Kühlschrank, statt umgekehrt. Die raumergreifende Energie war in Unordnung geraten.

- Ein anderer berichtete, dass er Fieber hatte, als er einmal krank war. Als er für seinen Beruf eine wichtige Arbeit erledigen musste, sank das Fieber und er konnte sich einigermaßen konzentrieren. Kam er wieder nach Hause, sank die Konzentration und das Fieber stieg wieder an. Hier sehen wir eine Verschiebung der vitalen körpergebundenen Energie in Richtung der Denkenergie und wieder zurück.

- Ein anderer Patient erholte sich nach einer langwierigen fieberhaften Krankheit. Er war noch schwach und wollte ein Stückchen spazieren gehen. Doch die Straße kam ihm extrem belebt vor, obwohl fast kein Verkehr herrschte. Alle Eindrücke überrumpelten ihn, sie waren viel zu stark. Die raumfüllende Energie war noch zu schwach.

- Menschen, die sehr müde sind, zum Beispiel als Folge eines Burnouts, betätigen sich gerne im Haus. Ziellos einfach ein wenig der Nase nachlaufen und dennoch etwas Nützliches tun, ohne einen gezielten Vorsatz. Die Mühle des Denkens kommt zum Stillstand; ein solcher Mensch kann, indem er sich so im Haus betätigt, wieder stärker für seinen individuellen Raum im Haus sorgen.

► Wir kennen es alle: Wir haben uns sehr konzentriert und sind danach etwas benommen. Dann treiben wir gerne Sport, davon werden wir wieder fit. Hier verschiebt sich die Energie wieder vom Kopf in die Gliedmaßen, dadurch wird das Gleichgewicht wieder hergestellt.

Das Kennenlernen der unterschiedlichen Ebenen unserer Vitalität eröffnet uns die Möglichkeit eines besseren ›Energiemanagements‹.

Konstitution

Auf all diesen Ebenen der Strömungen der Lebensenergie können Einseitigkeiten auftreten. Es kann mehr, aber durchaus auch weniger Energie in den Aufbau des Körpers fließen. Die Energie kann sich stärker in Richtung der Arme oder Beine bewegen oder stärker zum Kopf hin; mehr in Richtung der Sinne oder in Richtung des Denkens. Alle diese Einseitigkeiten sind Teil der Unterschiede in Bezug auf die körperlichen Anlagen, die zwischen uns Menschen herrschen. Zusammenfassend können wir all dies als unsere *Konstitution* bezeichnen. Diese Konstitution ist eine der Kräfte, die uns zu dem Menschen machen, der wir sind.

Um ein besseres Bild dessen zu erhalten, was genau die Konstitution ist und wie sie uns bestimmt, können wir ein vergleichbares Phänomen finden, wenn wir eine Landschaft oder das Klima betrachten. Wenn wir ein Land wie die Niederlande betrachten, so besitzt dies eine ›wässrige‹ Konstitution. Wir haben es immer mit dem Wasser zu tun – aus dem Meer, aus den großen Flüssen, aus der Luft. Wir müssen immer wieder dafür sorgen, dass das Wasser uns nicht in Bedrängnis bringt. Schon seit dem 13. Jahrhundert begann man daher, Kanäle auszuheben, um die Nässe des Sumpfbodens zu kanalisieren und das Land etwas trockener zu machen. Hier herrscht immer eine Konfrontation mit dem Wasser. Dies bringt Einschränkungen mit sich für die Möglichkeiten des Volks, das diese Landschaft bewohnt, aber auch besondere Möglichkeiten. Die Konstitution ist so gesehen eine Einseitigkeit, die Möglichkeiten *und* Einschränkungen mit sich bringt. Es hängt davon ab, was wir mit der Konstitution tun. Bangladesch hat als Land eine geografisch ähnliche Konstitution wie die Niederlande, doch eine völlig andere Bevölkerung. Dort hat man weniger Kraft in das Anlegen von Deichen und Pumpen investiert, mit der Folge, dass es dort häufig Überschwemmungen gibt, bei denen viele Opfer zu beklagen sind. Die Menschen dort sind stärker als hier die Leidtragenden der Konstitution ihres Landes.

Ein Land wie Ägypten hat eine völlig andere Anlage. Dieses Land hat es vor allem mit Sonne, Wärme und Trockenheit zu tun. Zweimal Regen im Jahr ist dort der Normalfall. Der größte Teil des Landes besteht aus Sand. Nur ein ganz schmaler Streifen längs des Nils, ungefähr acht Kilometer breit, ist fruchtbares Land. Mit diesem Streifen muss man auskommen. Fast die gesamte Bevölkerung wohnt im Umfeld dieses schmalen Streifens! Die Wüste selbst wird ansonsten wenig bearbeitet. Das Nachbarland Israel verfügt ebenfalls über eine Wüste, die Negev. Dort wird mithilfe von Wasserzufuhr viel Mühe investiert, um die Wüste zu fruchtbarem Land umzugestalten. Hier sieht man wiederum eine andere Art und Weise des Umgangs mit den Einschränkungen der Konstitution eines bestimmten Landes.

Und was soll man über die Länder sagen, die Öl- oder Gasvorkommen in ihrem Boden haben? Zunächst waren es arme Länder. Die Menschen wussten nicht, dass Öl im Boden verborgen war. Jahrhundertelang waren die Menschen arm, die Konstitution ihres Landes schien wenig Möglichkeiten zu bieten. Dann wurden die Autos erfunden, Öl wurde populär und der Reichtum begann zu fließen. Aber was, wenn die Vorräte erschöpft sind? Dann bietet diese Konstitution wiederum nur wenig.

Wärme, Wasser, Rohstoffe, Luft – sie bestimmen den Charakter der Konstitution eines Landes. Die Bevölkerung erfährt dies einerseits als Einschränkung, andererseits als Herausforderung, genauso wie der individuelle Mensch seine konstitutionelle Veranlagung hat: als Möglichkeit wie auch als Einschränkung. Das letztendliche Resultat hängt von der Kombination der beiden Seiten ab.

Wie entsteht die Konstitution?

Die Konstitution ist beim einen angeboren, beim anderen wird sie zum Teil in den ersten Lebensjahren ausgestaltet. Das kleine Kind hat erst wenig Bewusstsein und kann die vielen Eindrücke, die es aufnimmt, nicht aus bewusster Erkenntnis ordnen. Sein selbstbewusstes Ich ist noch nicht verfügbar. Es zieht Schlussfolgerungen aus seinen Erfahrungen, zum Beispiel, ob es der Welt und den Menschen vertrauen kann oder nicht. Dies sind *unbewusste* Schlussfolgerungen. Darum haben sie auch so tiefe Nachwirkungen. Sie gelangen in die Gewohnheitssphäre, wir »wissen es gar nicht anders«, wie man so sagt. Und schließlich drücken sie sich in den Energieströmen des Körpers aus. Etwas weniger Energie in die Muskeln für spontane Handlungen, etwas weniger Energie in das etwas schmerzhaft gewordene Gefühlsgebiet, etwas mehr in den Kopf, um wachsam zu bleiben in Bezug auf das, was um uns herum geschieht.

Die Stimmung in der Umgebung hat darauf einen starken Einfluss. Die Rolle der Kultur, in der wir aufwachsen, und die Rolle der Erziehung durch unsere Eltern ist für die Entstehung unserer Anlagen häufig sehr bestimmend.

Ein anderer Einfluss stammt aus dem Klima und dem Land, in dem wir aufwachsen. Wärme lädt ein, aus sich herauszugehen. Kälte wirft einen mehr auf sich selbst zurück. So kann man erkennen, dass auch die Bevölkerung eines Landes ihren jeweils eigenen überwiegenden Konstitutionstypus hat. Norweger sind wirklich ganz andere Menschen als Italiener! Und jene Niederländer, die in den einstigen Kolonien in Indonesien aufgewachsen sind, haben dort häufig eine ganz andere Konstitution aufgebaut als die aus den Niederlanden stammenden Volksgenossen.

Und dann ist da auch noch der Einfluss, der aus dem Kind selbst stammt, aus den Anlagen, mit denen es geboren wird. Bereits in der Schwangerschaft bemerken Mütter an den ersten Signalen, mit welcher Art von Kind sie es zu tun haben. Das eine Kind reagiert schnell auf Unruhe in seiner Umgebung, auch wenn es sich noch in der Gebärmutter befindet. Ein anderes strahlt bereits dort Ruhe gegenüber seiner Mutter aus. Dies ist die persönliche Anlage, die es mitbringt, möglicherweise aus einem vorgeburtlichen Dasein. Wenn man von der Existenz von Wiederverkörperung und Karma ausgeht, kann man in Bezug auf die Konstitution auch eine zarte Ahnung bekommen, was jemand in einem früheren Leben getan und erlebt hat. Dann kann das Betrachten von Konstitutionen auch eine Brücke bilden, um Ahnungen in Bezug auf frühere Leben zu konkretisieren.

Die Seele

Die Seele ist eine rein menschliche Angelegenheit. Ein großer Reichtum findet sich in ihr: Sie ist die Trägerin unserer Gefühle, Gedanken und Impulse. Rührung, Freude und Interesse leben in ihr, daneben jedoch auch Gefühle wie Verletztheit und Trauer. In bedrohlichen Situationen kann Angst in ihr auftreten, in anderen Momenten Vertrauen.

Ein anderer Teil der Seele wird mit Gedanken erfüllt. Gedanken, die zu festen Mustern geworden sind, wie zum Beispiel Normen und Werte, Gedanken, die ihren freien Lauf nehmen dürfen und zum Erfassen neuer Situationen führen können.

Und ferner gibt es in der Seele auch Impulse zu Handlungen. Alles steht mit allem in einer lebendigen Wechselwirkung. Gefühle rufen Gedanken hervor. Gedanken rufen Willensimpulse hervor und umgekehrt.

Man kann sich die Seele als eine lebendige, farbige Energie vorstellen, die durch unseren Körper geht und um uns herum ist. Die Farben können mehr oder weniger intensiv sein, abhängig davon, ob eine Emotion mehr aus dem Instinkt stammt oder eher ein eigenes, durchdrungenes Gefühl ist. Im letzteren Falle sind die Farben zarter, transparenter. In einer fortwährenden veränderlichen Bewegung mischen sich die Farben und ändern ihre Intensität. Diese Beweglichkeit der Seele wirkt sich unmittelbar in den sichtbaren Aspekten des Körpers aus: Atmung, Haltung, Augenaufschlag, Gesten und Mimik verleihen den Seeleninhalten Ausdruck.

Die Seele ist etwas ganz anderes als der *Instinkt*. Wir sahen, dass der Instinkt auf physiologischen Prozessen beruht. Diese werden durch innere Reize wie Hunger oder äußere Reize wie zum Beispiel die Jahreszeiten oder den Kontakt mit Artgenossen angeregt und führen zu festen Reaktionsmustern. Darüber haben wir bereits ausführlich in dem Kapitel über den Körper gesprochen. Beim einen Menschen wird der Instinkt zurückgehalten, um Raum zu geben für mehr persönlich gefärbte Muster.

Weil die Seele nicht direkt durch die körperlichen Prozesse gesteuert wird, ist sie auch in stärkerem Maße offen für Veränderung. Die Seele gehört zu uns, sie ist etwas ganz Persönliches. Sie erhält ihren Inhalt durch die Art und Weise, wie jeder Einzelne individuell mit seinem Leben umgeht.

Spannungsfelder

Es kann ein gewisses Spannungsfeld zwischen der Seele und dem Instinkt vorhanden sein. Aus dem Körper kann das Bedürfnis nach Nahrung aufkommen: Sie haben Hunger. Sie haben eine Weile nicht gegessen und der Körper könnte jetzt eine kleine Mahlzeit gebrauchen. Aber Sie haben sich entschieden, dass Sie abnehmen wollen. Darum halten Sie eine Diät und Sie essen bewusst nicht. Der Instinkt muss dann vorübergehend gezähmt werden.

In der Seele haben wir es außerdem mit unterschiedlichen Schichten zu tun. In den unbewussteren Schichten der Seele leben die Erfahrungen aus der Jugend. Diese ist gefüllt mit Erfahrungen, die wir hatten, bevor wir mit einem gewissen Bewusstsein daran beteiligt waren. Dort leben die Schlussfolgerungen, die wir damals aus dem Erleben, wie es im Leben eben so zugeht, gezogen haben.

Schlussfolgerungen, die wir in der frühen Jugend ziehen, sind beispielsweise die, dass man selbst wichtig ist oder nicht. Oder dass das Zeigen von Gefühlen riskant ist oder nicht. Hier spielt die Tatsache eine große Rolle, ob wir je erlebt haben, dass Sicherheit geboten wurde und wir Sicherheit entwickeln konnten. Ob wir stimuliert wurden, Dinge zu unternehmen. Ob unsere Eltern ängstlich waren oder ob sie Vertrauen hatten, dass alles gut werden würde …

Negative Erfahrungen in der frühen Jugend erforderten ein Verhalten, mit dessen Hilfe wir überleben und den Schaden begrenzt halten konnten. Solche Überlebensmuster können zum Beispiel folgende Gestalt annehmen: Sich nett verhalten, um doch noch Aufmerksamkeit zu erhalten, oder um mindestens nicht bestraft zu werden (das sogenannte *Pleasen*). Hilfsbereit sein, um als nützlich und brauchbar eingestuft zu werden. Oder sich in einen sicheren Winkel zurückziehen. Ein wiederum anderes Überlebensmuster besteht darin, das Heil anderswo, bei anderen, zu suchen. Oder sich in den Widerstand zu begeben. All das sind Verhaltensmuster, die so früh gelernt wurden, dass man häufig gar keine anderen kennt, bzw. man sie völlig normal findet. Wir kennen es nicht anders, es ist so, wir haben es immer so erlebt.

Später können wir dann von anderen Erfahrungen überrascht werden, die in Konflikt mit dem zuvor Genannten treten. Diese siedeln sich in einer höheren Schicht der Seele an, was auf Dauer zu einem Spannungsfeld zwischen den unterschiedlichen Ebenen führt.

Aufgrund dessen haben wir bestimmte Lebensmuster aufgebaut, eine bestimmte Lebenshaltung eingenommen. Später legen sich wiederum andere Erfahrungen darüber, die dazu im Gegensatz stehen. Dies führt dann zu einem Konflikt in der Seele, der eine Lösung erfordert. Sonst verbraucht die Verwirrung, die durch diesen Kampf entsteht, viel seelische Energie.

Ich bin in einer Familie mit vielerlei Spannungen aufgewachsen. Es war immer irgendetwas los. Entweder war mein Vater wieder einmal betrunken, in einem anderen Moment war mein Bruder aggressiv, dann lief meine Mutter weinend weg und drohte damit, sich vor den Zug zu werfen. Wieder Panik im Haus, jetzt musste jeder ausrücken, um sie zu suchen. Ich kannte gar nichts anderes,

als immer auf der Hut sein zu müssen, ich konnte mich nicht ent-
spannen oder mich einfach öffnen. Und ich dachte, das sei völlig
normal und es gehe in jeder Familie so zu. Als ich zum ersten Mal
bei meinem Freund zu Besuch war, fiel ich vor Erstaunen fast um.
Die gingen dort nett miteinander um! Sie stellten mir Fragen aus
echtem Interesse. Ich wusste nicht, wie mir geschah. Es hat Jahre
gedauert, bis ich mich daran gewöhnt hatte und es als normal
empfinden konnte.

Welche Bewegungen sehen wir in diesem Beispiel auftreten? In der
Jugend zieht die betreffende Person ihre Schlussfolgerungen: Ich
muss auf der Hut sein, Menschen verhalten sich immer schwierig.
Ich erhalte keine Aufmerksamkeit. All dies wird ›normal‹ und sorgt
für die Bildung automatischer Muster im Instinktbereich, man ist
nicht mit dem Bewusstsein beteiligt. Dann hat die Person, die mir
dies berichtete, zum ersten Mal einen Freund. Dieser hat einen völlig
anderen Hintergrund und ganz andere Erfahrungen. Als sie ihn zu
Hause besucht, bemerkt sie, dass sie willkommen ist. Seine Eltern
interessieren sich für sie, sie sind offen für sie. Das sind völlig neue
Erfahrungen für ihre Seele. Als sie diese an sich herankommen
lässt, spürt sie, wie angenehm das ist. Aber dies führt sofort auch
zu innerer Verwirrung. Dann folgt eine Zeit des Kampfes zwischen
den Einflüssen aus dem Instinkt und denen neuer Erfahrungen der
Seele. Die Letzteren setzen sich durch, sie dringen allmählich bis in
die Instinktebene durch, bis zu jener Stelle, wo zuvor das Misstrauen
angesiedelt war. Dann entsteht wieder Ruhe in der Seele.

In der Seele wurzeln auch die unterschiedlichen Rollen, die wir
in Bezug auf andere Menschen einnehmen können. Dies ist zum
Beispiel die Rolle des ›Kindes‹ (in Bezug auf unsere Eltern), des
Freundes oder der Freundin, des Partners oder der Partnerin, des
Vaters oder der Mutter. In unserem Berufsleben nehmen wir wiederum
andere Rollen ein, zum Beispiel die der Führungskraft oder die

des gehorsamen Arbeitnehmers. Im Sport können wir wieder andere Rollen haben. Dies zeigt etwas von der großen Vielfalt der Möglichkeiten, die die Seele bietet.

Die Seele ist außerdem der Träger unserer *Neigungen*. Mit bestimmten Dingen in unserer Umgebung fühlen wir uns verbunden, mit anderen nicht. Wir haben für bestimmte Dinge sozusagen ein Sinnesorgan und für andere Dinge überhaupt nicht – wir sehen sie zwar, aber in uns schwingt dabei nichts mit. Dieses innere Mitschwingen kann sowohl positiv wie auch negativ sein. Wir haben unsere Sympathien und unsere Antipathien. Dabei kann es sich zum Beispiel um ein bestimmtes Fach in der Schule handeln: exakte Fächer gegenüber Sprachen oder Geschichte. Wir können stark auf Menschen orientiert sein oder aber auf Tiere oder Dinge. Oder wir können ein sehr gutes Gefühl für Technik oder auch für Musik haben. Diese Affinitäten gelten auch in Bezug auf die Menschen in unserer Umgebung. Gegenüber manchen Menschen verspüren wir Sympathie, anderen gegenüber dagegen Antipathie. Zu beiden haben wir also eine Beziehung. Und dann gibt es auch noch die Vielfalt jener Menschen, für die wir keines der beiden Gefühle haben. Wir haben mit ihnen nichts zu tun. Aber beides, sowohl Sympathie als auch Antipathie, sagt uns, dass wir eine Verbindung zu demjenigen haben, was wir wahrnehmen. So gehört ein Teil der Welt zu uns, und das hilft uns im Leben, es zu steuern und die richtigen Entscheidungen zu treffen.

Die Entwicklung neuer Interessengebiete bietet neue Affinitätsbereiche in der Seele. Diese weitet sich dadurch.

Wenn wir über innere Entwicklung und inneres Wachstum sprechen, so sprechen wir über Entwicklungsvorgänge in der Seele. Wenn dort Muster umgebildet werden und über einen längeren Zeitraum wirksam sind, können sie bis in den Körper durchdringen und dort zu festen Mustern werden. Aber alte Muster bleiben dort ebenfalls gespeichert, sie können in für sie günstigen Momenten durchaus an die Oberfläche kommen.

Dies sahen wir in dem Beispiel des Rauchers. Zuerst hat er sich das Rauchen angewöhnt. Dies ging einher mit Husten bei den ersten Zigaretten. Langsam gewöhnt jemand sich dann an alle Bewegungen, die dazugehören. Wie bewegt man sich beim Rauchen? Wie atmet man ein, wenn man den Rauch inhaliert? Und zu welchen Momenten *passt* eine Zigarette, und wann passt sie nicht? All das wird allmählich zur Gewohnheit. Es geht dann alles wie von selbst.

Das alles haben wir unserem Körper eingeprägt. Wenn wir damit aufhören, müssen wieder neue, andere Gewohnheiten aufgebaut werden. Unser Körper muss sich wieder an ein Leben ohne Nikotin gewöhnen. Was tun wir in den Momenten, in denen wir früher rauchten? Können wir die Rituale um das Rauchen herum entbehren, oder müssen wir sie durch andere ersetzen? Die neue Gewohnheit überdeckt die alte. Doch die alte bleibt gespeichert und kann in kürzester Zeit wieder aktualisiert werden. Einmal Raucher – immer Raucher.

Dies gilt natürlich für allerlei andere Gewohnheiten genauso, sowohl die erwünschten als auch die unerwünschten.

Das Ich

Das Ich als dritter Aspekt neben dem Körper und der Seele lässt sich am schwierigsten definieren, und doch ist es unser Eigenstes. Es ist dasjenige in uns, was *Ich* zu sich sagt. Darin erleben wir unsere eigene unverwechselbare Individualität. Diese bleibt uns unser ganzes Leben lang erhalten, während sich sonst so vieles im Körper und in der Seele verändert.

Das Ich ist der Träger des Selbstbewusstseins. Ich weiß, dass ich ein ›Ich‹ bin und dass ich dadurch ein anderer bin als andere. Von unserem Ich aus können wir aus einer gewissen Distanz auf unsere eigene Seele blicken. Wir können so mit Bewusstsein auf die Meinungen und Ansichten blicken, die dort herumschwirren, und beurteilen, ob diese für uns nützlich sind oder ob wir sie ändern wollen. Wir können uns der Gefühle und Emotionen bewusst werden, die dort leben. Vom Bewusstsein aus können wir ihnen einen Ort zuweisen und sie mit Verständnis respektieren. Oder wir können sie relativieren aufgrund der Erkenntnis, die das Ich bilden kann.

Das Ich steht über der Seele; es kann steuernd auf sie einwirken. Es ist natürlich nicht so, dass das Ich zu jedem Zeitpunkt diese Rolle des ›Steuermanns‹ einnimmt. Wäre es so, hätten wir unser Leben viel besser im Griff. Denn wie oft erleben wir, dass das Ich seinen Griff verliert? Dass wir in Routine verfallen oder uns von Emotionen übermannen lassen ...

Das Ich hat jedoch durchaus die Potenz, sich über die Seele zu erheben. Diese Potenz wächst mit zunehmendem Alter. Durch Selbstschulung können wir diese Fähigkeiten noch weiter stärken. Eine Urqualität des Ich ist die Moralität. Moralische Werte und Ideale sind Kräfte, die weit über das eigene Interesse hinausgehen. Wollen wir auf der Basis dieser moralischen Werte und Ideale leben, so erfordert das eine gewisse Zurücknahme der Eigeninteressen, die in der Seele leben oder die aus dem Körper stammen.

Auch die Fähigkeit, religiöse Empfindungen zu haben, ist eine Qualität des Ich.

Die Seele steht zwischen dem Ich und der physischen Welt. Der Körper bietet das Instrument, mit dem wir hier auf der Erde anwesend sein können. Er bietet die Sinnesorgane, mit denen wir wahrnehmen, die Muskeln, mit denen wir uns bewegen. Das Gehirn schafft die physische Möglichkeit zum Denken, die Leber vermittelt Energie und baut auf. Das Ich ist im höchsten Maß unser Eigen, unsere Individualität. Die Seele vermittelt zwischen diesen beiden Polen. Das Gehirn gibt uns die Möglichkeit zum Denken. Darin finden allerlei Energiebewegungen und chemische Prozesse statt. Der Inhalt dieser Gedanken allerdings gehört einer anderen Ordnung an. Sie lassen sich nicht physisch greifen, sie sind über-physisch. Ebenso verhält es sich mit den Gefühlen. Sie drücken sich auch in den Funktionen unseres Körpers aus, vor allem in den rhythmischen Prozessen der Atmung und des Herzschlags. Und wenn sich bestimmte Prozesse in unserem Körper ändern, etwa in den Hormonen, so hat das einen Einfluss auf unsere Stimmung und unsere Gefühle. Aber Gefühle und Körperprozesse bleiben doch zwei unterschiedliche Dinge. Wenn wir die chemische Reaktion des Körpers in einem Reagenzglas nachstellen, entsteht kein Gefühl, denn die Seele ist nicht anwesend.

Die ›große‹ und die ›kleine‹ Seele

Ein Teil der Seele wird vom Ich ›verwaltet‹. Das ist jener Teil, den wir uns im Laufe unseres Lebens angeeignet haben und mit dem wir vertraut sind. Häufig ist diese Aneignung mit Kämpfen einhergegangen. Auch Werte und Ideale haben hier ihren Ort. Diesen Teil der Seele können wir die ›große Seele‹ nennen. Groß deshalb, weil sie von ihrer Qualität her flüchtiger ist und gleichzeitig raumerfüllender. Groß auch deswegen, weil dieser Teil der Seele anderen Menschen Raum bietet. Dieser Teil der Seele kann sich mit den Interessen anderer Menschen oder einer Gesamtheit auseinandersetzen und ihnen seine eigenen Interessen unterordnen. Hier lebt auch die Fähigkeit, auf gesunde Weise Verantwortung für sich selbst zu übernehmen, für die eigene Gesundheit und das eigene Wohlbefinden.

Der andere Teil der Seele wird noch nicht vollständig vom Ich beherrscht. Dort wirken die Triebe und Begierden, die uns manchmal ergreifen und in Verwirrung bringen können. Hier sind auch die Überlebensmuster wirksam, die wir einst aus einer gewissen Not heraus aufgebaut haben, in denen wir aber nicht wirklich authentisch sind. In diesem Teil der Seele sind wir nicht frei, und dies wissen wir häufig auch ganz genau. Hier ist also noch Entwicklungsarbeit zu leisten. Ich bezeichne dies als die ›kleine Seele‹, weil in ihr auch die Kleinlichkeiten und Wehleidigkeiten beheimatet sind. Sie macht uns kleiner, als wir eigentlich sind. Wenn wir aus der kleinen Seele leben, verlieren wir häufig einen Teil unserer sozialen Menschlichkeit, unserer Größe.

In der kleinen Seele sind wir egoistisch. Hier geht Eigeninteresse vor Allgemeininteresse. Das macht die Seele gerade klein: Es gibt wenig Raum für andere, für allgemeine Interessen. In der kleinen Seele leben Kräfte der Verführung. Verführer können uns dazu bewegen, viel zu essen oder zu naschen, sie können uns in Wut oder Verletztheit treiben oder gar zu Ärger. Diese Kräfte der kleinen Seele können sich leicht ins Maßlose steigern. Essen um des Essens willen, Töten aus Lust oder Berechnung …

In der Seele herrscht ein Spannungsfeld zwischen den Kräften der großen Seele und denen der kleinen Seele. Die große Seele ist offen für Geistiges, die kleine Seele steht stärker mit der Körperlichkeit in Verbindung. Die große Seele kann echte Inspiration aufnehmen und sich verbunden fühlen mit der geistigen Welt. Sie kann aus ihr auch Energie beziehen. Das macht dann die Arbeit in der physischen Welt leichter, Widerstände werden aus dieser Inspiration leichter überwunden. Es erfordert eine beträchtliche Entwicklung, dahin zu gelangen, dass die Kräfte der großen Seele allmählich die Oberhand über die der kleinen Seele gewinnen.

Jemand, der rasch über andere urteilt, hat diese Eigenschaft als Gewohnheit in seiner kleinen Seele. Durch Erfahrungen, die er in seinem Leben macht, kann er möglicherweise zu der Schlussfolgerung kommen, dass er mehr Respekt für andere entwickeln möchte. Respekt ist eine Eigenschaft innerhalb der großen Seele. Allmählich kann es ihm dann gelingen, diese neue Qualität zu verstärken, bis sie die Region der kleinen Seele von den vorschnellen Urteilen befreit hat.

Der Körper bietet die Grundlage für das irdische Leben. Das Ich kann in ihm seinen ›Aufenthaltsort‹ finden. Die Seele bietet die Vermittlung zwischen beiden. Der Körper ist die Grundlage für die Gesundheitsanlagen und die Konstitution. Er bietet die Sinne an, mit welchen wahrgenommen werden kann. Die Seele vermittelt die Fähigkeit zu denken und zu fühlen sowie die Impulse zum Handeln. Der Geist, das Ich, schafft die Möglichkeit zu Selbstbewusstsein und Selbstreflexion.

Aus dieser inneren Instanz heraus können wir uns selbst führen und unsere Entwicklung in Freiheit in die eigene Hand nehmen.

Die Wechselwirkungen von Körper, Seele und Ich

Zu Beginn des Lebens dominiert der Körper. Die Energie richtet sich vor allem darauf, den Körper aufzubauen. Allmählich wird immer mehr Lebenskraft frei, die für die Prozesse der Seele eingesetzt wird: instinktives Verhalten, Wahrnehmen, Bewegen, Denken. Dieses Freiwerden nimmt, je älter wir werden, immer mehr zu: Der Körper regeneriert sich immer weniger rasch, er zeigt Alterserscheinungen. Die Seele hat jedoch die Möglichkeit, immer reicher zu werden. Das Denken kann ein immer größeres Weltverständnis entwickeln und begreifen, wie die eigene Seele funktioniert und wie wir in der freiesten Weise damit umgehen. Emotionen können immer leichter in ihrer Funktionalität durchschaut werden, dadurch können sie uns weniger bestimmen. So kann die Seele immer mehr Weisheit in sich tragen. Dadurch wird sie freier vom Körper.

Man kann diesen Prozess auch unter dem Aspekt der Seele und des Ich beschreiben: Diese erhalten eine immer größere Möglichkeit, den Körper in Freiheit als Instrument für das zu gebrauchen, was sie eigentlich wollen. Das Ich kann in seinen Impulsen länger an den Körper gebunden bleiben, wenn es uns wichtig ist, solange wie möglich jung auszusehen oder körperliche Höchstleistungen zu erbringen. Oder dadurch, dass wir zu stark die Möglichkeit genießen wollen, die der Körper uns bietet, z. B. in Form von Essen, Trinken und Sexualität. Das Ich kann die Seele jedoch auch auf Dinge hinorientieren, die frei vom Körper sind: Wir können uns mit Interessen beschäftigen, die nicht so unmittelbar mit uns selbst zusammenhängen oder uns Idealen zuwenden, die sich auf andere beziehen.

Die Beschäftigung mit Spiritualität ist ebenfalls eine Art und Weise, durch die das Ich die Seele vom Körper emanzipiert.

Während des Lebens herrscht ständig eine lebendige gegenseitige Beeinflussung zwischen Körper, Seele und Ich. Diese Beeinflussung kann sowohl gesundend wie auch krankmachender Natur sein. Eine gesunde Seele äußert sich in einem strukturierten Denken und in Emotionen, die durch das Ich beherrschbar sind. Eine gesunde Seele wirkt harmonisierend auf den Körper. Störungen in der Seele wie zum Beispiel Angst, Hektik, Stress oder ein zu starkes Aufgehen in Begierden können krankmachend auf den Körper wirken. Dann können psychosomatische Beschwerden entstehen. Beklommenheit, Herzklopfen oder Magenbeschwerden sind Beispiele dafür.

Eine schwache Gesundheit, Krankheit oder eine zu große Einseitigkeit der Konstitution kann auf die Seele störend wirken. Dann entstehen zum Beispiel Gefühle des Versagens, der Unsicherheit oder die Empfindung, dem Körper ausgeliefert zu sein. Eine gesunde Konstitution und eine gute körperliche Gesundheit dagegen können stärkend auf die Seele wirken.

Ist die Seele von großer Unruhe erfüllt, kann auch dies schwächend auf das Ich wirken; sie kann das Ich sogar völlig ›überschwemmen‹ in Form von Panikanfällen. Je stärker wir eingespannt sind, beruflich und privat, desto stärker kann die Seele von Eindrücken oder Anforderungen belastet werden, die an sie gestellt werden, und desto schwieriger wird es für das Ich, den Überblick zu behalten und seine Steuerkraft geltend zu machen. Das kann sich dann in Form von Überarbeitung und Erschöpfung äußern. Eine harmonische Seele dagegen ist eine kräftigende Unterstützung für das Ich.

Ein starkes Ich kann seinerseits wiederum Ordnung in die verschiedenen Seelenprozesse tragen. Das Ich kann die Gedanken steuern und ordnen. Tut es das nicht, so können die Gedanken anfangen, sich in unserem Kopf im Kreis zu drehen, wir beginnen zu grübeln.

Das Ich kann auch die Emotionen steuern, sodass die primären Emotionen herabgedämpft und zu echten Gefühlen vertieft werden. Oder es kann aus einer inneren Sicherheit heraus Gefühle zulassen, die normalerweise bedrohlich wären. Ein schwaches Ich kann die Unordnung in der Seele sogar noch anwachsen lassen.

Die Wirkung der Seele auf den Körper: Psychosomatik

Die Seele ist während des Tages eng mit dem Körper verbunden. Sie beeinflusst ihn auf verschiedenen Wegen. Wenn es ruhig ist in der Seele, hat dies auch eine beruhigende Wirkung auf den Körper, während Spannung oder Angst in der Seele körperliche Beschwerden hervorbringen können. Begeisterung und Idealismus bringen dagegen zusätzliche Energie in den Körper.

Wir können vier Grundsysteme unterscheiden, durch welche die Seele in den Körper eingreift:

1. die Hormone
2. das autonome Nervensystem
3. die Muskeln
4. das Immunsystem.

1. Die Hormone

Spannung in der Seele ruft Wachheit hervor. Wenn eine Gefahr besteht, fühlen wir uns bedroht und müssen reagieren, um unsere Sicherheit zu garantieren. Wir können dies tun, indem wir uns der Gefahr entgegenstellen oder vor ihr flüchten. Wir können auch erstarren, uns innerlich tot stellen und dabei hoffen, dass die Gefahr von selbst vorübergehe.

Um den Körper an gefährliche Situationen anzupassen, wird mehr Adrenalin ausgeschüttet. Das bringt den Körper in einen erhöhten Bereitschaftszustand, auch die Sinne werden schärfer, die Durchblutung der Muskeln ist erhöht und es wird mehr Zucker an das Blut abgegeben, um den ›Brennstoff‹ für einen möglichen Kampf oder eine Flucht bereitzustellen.

Der Körper kann dies über kürzere Zeiträume hinweg ertragen. Wenn diese gesteigerte Wachheit jedoch länger aufrechterhalten werden muss, bildet der Körper zusätzliches Cortisol, ein ›Aktivitätshormon‹, das den Körper darauf einstellt.

Zu viel oder zu lang andauernde Spannung bewirkt einen zu hohen Adrenalinausstoß. Dann kommt der Körper langfristig in die ›Gefahrbereitschaft‹. Dies bezeichnen wir dann als Stress. Wenn das Cortisol erschöpft ist, kann der Körper diesen Zustand nicht länger ertragen, wir sind überfordert oder geraten in einen Burnout-Zustand.

2. Das autonome Nervensystem

Dieses Nervensystem besteht aus Nerven, die aus dem Gehirn und dem Rückenmark kommen und die inneren Organe in ihrer Aktivität anfeuern oder hemmen. So werden beispielsweise das Herz und die Lungen, der Magen und der Darm gesteuert. In einem ruhigen und harmonischen Zustand ›spielt‹ das autonome Nervensystem auf den Organen wie auf einem Musikinstrument, dessen Saiten einen harmonischen Zusammenklang bilden. Doch wenn diese Harmonie gestört wird, funktioniert das nicht mehr. Die Organe verlieren ihre harmonische Aktivität oder geraten in einen Krampfzustand. So können in einer stressreichen Situation Störungen des Herzrhythmus und der Atmung auftreten. Es kann zu Verkrampfungen der Atemwege kommen, was wiederum zu Beklemmung führen kann. Es können auch Krämpfe im Magen entstehen, Übelkeit oder Durchfall. Herzklopfen, Beklemmung und Darmspasmen können die Folge sein, wenn die Situation länger anhält. Diese Symptome sind ein Ausdruck dessen, dass das autonome Nervensystem gestört wird.

3. Die Muskeln

Die Spannung in den Muskeln ist ebenfalls ein Ausdruck des Zustands der Seele. Im Harmoniezustand sind die Muskeln weich und flexibel, im Stresszustand sind sie angespannter, vor allem häufig im Schulterbereich und im Nacken. Das führt zu Steifheit sowie zu Schulter- und Nackenbeschwerden, in einem weiteren Schritt zu Kopfschmerzen. Muskelsteife im Rückenbereich führt zu Rückenschmerzen, tritt sie in den Beinen auf, nimmt die Gefahr zu, sich die Knöchel zu verstauchen.

4. Das Immunsystem

Dieses System dient dazu, zu erkennen, was körpergemäß ist und was nicht. Was dem Körper entspricht, darf vorhanden sein. Was dieses Kriterium nicht erfüllt, muss beseitigt werden. Bakterien und Viren sind nicht körpereigen und werden durch ein gut funktionierendes Immunsystem abgefangen und zersetzt. Auch andere Stoffe, die zum Beispiel über die Atemwege in uns eindringen, werden eliminiert. Wenn das Immunsystem gestört ist, zum Beispiel durch Energieverlust und Erschöpfung, kann es sein, dass wir anfälliger für Infektionen sind. Wenn das Ich seine Steuerfähigkeit über das Immunsystem verliert, kann sich dieses System sogar gegen den Körper selbst wenden; dann können Allergien und die so genannten Autoimmunkrankheiten entstehen.

Stress, ebenso wie Angst und Unsicherheit, bedeutet, dass in der Seele mehr Spannung erlebt wird, als das Ich verarbeiten kann. Dasselbe gilt manchmal für positivere Emotionen wie zum Beispiel

Verliebtheit. Man sieht dies auch bei Kindern, die krank werden, weil sie sich so intensiv auf ihren Geburtstag freuen. Die Tragfähigkeit bewältigt die zu tragende Last nicht. Das Ich hat nicht genügend Kraft, um das zu regulieren, was sich in der Seele abspielt. In der Seele entsteht Spannung. Dort werden bewusst oder unbewusst Gefahr und Bedrohung erlebt. Dabei handelt es sich häufig um ganz normale alltägliche Situationen, auf die wir innerlich jedoch so reagieren, als wären sie gefährlicher, als wir es uns rational zu erklären vermögen. Dann versuchen wir gern, die Gefahr zu bagatellisieren, doch die Spannung bleibt. Ein Beispiel:

Ich wollte gestern mit meinem Sohn mit dem Bus in die Stadt fahren. Er ist ein Teenager, der die Dinge ziemlich gelassen nimmt, und er will immer erst auf den letzten Drücker aufbrechen. Ich dagegen bin immer gerne pünktlich, deswegen beginne ich schon eine Viertelstunde vorher Stress zu machen. Ich habe Angst, dass meine Pläne durcheinanderkommen, wenn ich den Bus verpasse. In Gedanken werde ich schon wütend auf meinen Sohn, weil er sicher wieder trödeln wird, sodass wir zu spät kommen werden. Meistens sind wir schließlich immer noch mehr als rechtzeitig da, ja, manchmal müssen wir sogar noch auf den Bus warten. Ich werde erst wieder ruhig und mein Atem normalisiert sich erst dann wieder, wenn wir wohlbehalten im Bus sitzen! Eigentlich kostet mich das Ganze viel zu viel Energie und Spannung!

Wenn wir solche Spannungen verdrängen, verschieben sie sich aus der Seele in den Körper auf dem Wege der Kanäle der Hormone, des autonomen Nervensystems oder der Muskeln. Der Körper kann dies eine ganze Weile ertragen. Doch wenn es zu lange dauert, kann es zu Funktionsstörungen kommen und es entstehen Beschwerden.

Im Rahmen dieses Buches wollen wir nicht tiefer auf die unterschiedlichen Krankheitsbilder eingehen, die so entstehen können, sondern das Verhältnis betrachten, das unser selbstbewusstes Ich zur Seele einnimmt. Gesunde Spannung äußert sich in Geistesgegenwart, sie macht uns aktiv, tatkräftig. Spannung, die zu weit geht, bezeichnen wir als Stress und sie ist ungesund. Sie macht uns im wahrsten Sinne über-spannt.

Eine solche Situation erfordert einen Eingriff, sie ruft danach, dass unser Ich sich mit der Spannung konfrontiert und sie reguliert. Das Ich soll, mit anderen Worten, das Kommando wieder übernehmen.

Einseitigkeiten

Ich habe wieder einmal meine Schlüssel verlegt. Als ich nach Hause kam, hatte ich sie noch bei mir. Dann packte ich meine Einkäufe aus, und von dem Moment an weiß ich nichts mehr. Ich möchte jetzt mit dem Fahrrad weg, aber ich kann sie nirgends finden! Wer hat die Schlüssel verlegt? Offenbar war ›ich‹ nicht wirklich anwesend. Meine Aufmerksamkeit war irgendwo anders.

Das Ich ist in derartigen Situationen tatsächlich irgendwo anders. Wenn der ›Autopilot‹ in Bezug auf die Schlüssel funktioniert, landen sie grundsätzlich an einem festen Ort, nämlich dem, auf den wir den Autopilot geeicht haben. Der Autopilot ermöglicht uns, mit unserer Aufmerksamkeit bei etwas anderem, Inhaltlichen zu sein, während unser Körper etwas Sonstiges tut.

Manchen Menschen gelingt es nur schwer, dem Autopilot etwas beizubringen. Dann entstehen nicht so leicht Gewohnheiten und es wird schwierig, Ordnung zu schaffen auf der Ebene der körperlichen Energie, auf der die Gewohnheiten gebildet werden können. Menschen mit einer derartigen Veranlagung haben Schwierigkeiten, ein System beim Aufräumen ihrer Sachen zu entwickeln und sie wiederzufinden. Das sind die Menschen, die beispielsweise immer wieder ihre Schlüssel verlegen und sich jedes Mal aufs Neue vornehmen, ihnen einen festen Ort zuzuweisen, was dann jedes Mal wieder misslingt. Man sagt dann leicht zu solchen Menschen, dass sie sich einen festen Ort für ihre Schlüssel ausdenken sollen. Für jemanden mit einer geordneten Konstitution ist dies eine logische Lösung, doch für jemanden mit einer ungeordneten Konstitution funktioniert dies nicht ohne Weiteres.

Was in der Konstitution wirksam ist, ist größtenteils unbewusst. Wir werden erst dann damit konfrontiert, wenn wir älter werden und uns bewusst wird, dass wir mit den Grenzen unserer Konstitution konfrontiert werden, oder wenn andere Menschen uns auf bestimmte Merkmale, die wir an uns haben, aufmerksam machen. Diese Dinge, die aus der Konstitution stammen, treten schon in jungen Jahren auf, und darum denken wir zumeist, es sei ›doch ganz normal‹, dass wir so denken und handeln, wie wir es für gewöhnlich tun. Wir kennen es eben nicht anders.

Unsere Konstitution hängt damit zusammen, wie bestimmte Energien in unserem Körper wirken. Wir wollen nachfolgend eine Reihe von Beispielen anführen.

Ob ein Mensch introvertiert oder extrovertiert ist, ist eine Frage der Konstitution. Die Aufmerksamkeit verläuft entweder mehr nach außen oder mehr nach innen gerichtet. Bei einem introvertierten Menschen hat die Energie die Neigung, auf Ereignisse durch Gedanken zu reagieren. Erinnerungen steigen auf, auch die Gefühle, die damit zusammenhängen. Es geschieht viel, doch was geschieht, geschieht hauptsächlich im Inneren. Bei einem extrovertierten Menschen laufen ganz andere Prozesse ab. Dort setzt sich der momentane Eindruck eher in eine nach außen gerichtete Aktivität um.

Normalerweise können wir uns Erklärungen zurechtlegen, wie solche Verhaltensmuster ›selbstverständlich‹ in der Jugend entstanden sind, doch diese Erklärungen sind meistens an den Haaren herbeigezogen. Denn aus unserer Konstitution heraus reagieren wir auch immer auf Einflüsse, die von außen auf uns zukommen.

Ein weiterer Aspekt der Konstitution ist der, ob wir eher Denker oder Tatmenschen sind. Beim Denker reagiert in erster Linie das Denken auf einen von außen kommenden Reiz. Beim Tatmenschen schießt die Energie rasch in die Gliedmaßen und es erfolgt eine Handlung.

Wir können gewissermaßen zusehen, wie die Energie im Körper strömt: entweder von den Sinnesorganen zum Gehirn oder aber von den Sinnen in die Muskeln.

Ein Beispiel aus der Praxis: Auf dem Boden liegt ein zerknülltes Stück Papier. In der Biologie lernen wir, wie ein Eindruck auf unsere Netzhaut fällt und wie ein Reiz vom Auge zum Gehirn weitergeleitet wird, wodurch wir uns bewusst werden, dass dieses Papier auf dem Boden liegt. In der Praxis verläuft dieser Prozess jedoch etwas anders.

Der eine Mensch sieht das Papier auf dem Boden liegen. Es dringt kaum in sein Bewusstsein. Der Reiz bleibt sozusagen im Auge hängen und kann nicht mit den Gedanken konkurrieren, die in seinem Bewusstsein leben.

Bei einem anderen Menschen kommt zwar der Reiz zum Bewusstsein, und er denkt möglicherweise: Ich muss dieses Papier aufräumen. Es gesellt sich also Bewusstsein zur Wahrnehmung: Es dringt zu uns durch. Das will aber noch nicht heißen, dass wir als Konsequenz etwas tun, denn das hängt wiederum davon ab, ob der Energiestrom aus dem Kopf sich weiter fortsetzt bis in die Hände, die eine entsprechende Handlung ausführen müssen. Menschen, bei denen dieser Strom nicht gut funktioniert, nehmen sich zwar vor, etwas zu tun, aber sie führen es nur mühsam aus. Manchmal handelt es sich dabei um echte Faulheit, häufig ist es aber auch eine Art von Handycap, das einem Menschen wirklich zu schaffen machen kann – trotz vieler guter Vorsätze, es künftig anders zu machen, gelingt es nicht.

Und dann haben wir die Menschen, bei denen der Energiestrom direkt aus der Wahrnehmung in die Muskeln übergeht. Sie sehen das Stück Papier liegen, heben es auf und werfen es weg, ohne überhaupt unmittelbar mit ihrem Bewusstsein dabei zu sein.

Fügen wir diese beiden Typen zusammen, dann können wir aus der konstitutionellen Basis heraus einen extrovertierten Denker haben oder einen introvertierten Tatmenschen. Der extrovertierte Denker wird seine Gedanken häufig anderen mitteilen und im Gespräch diese Gedanken weiterentwickeln. Der introvertierte Denker bleibt dagegen bei sich, in seiner Innenwelt. Der extrovertierte Tatmensch tut Dinge zusammen mit anderen. Er ist sozial und unternehmerischer. Der introvertierte Tatmensch dagegen sucht im Tun seinen eigenen Weg.

Ein anderer Strom, auf dem sich die Energie bewegen kann, ist der hin zum Gefühlsleben. Wie weit können wir an dieses Gefühl herankommen? Beim einen Menschen wird es unmittelbar von dem berührt, was geschieht. Bei einem anderen reagiert es träge. Das kann natürlich auch wiederum mit Jugenderfahrungen zusammenhängen, es kann jedoch auch stark mit persönlichen Anlagen verbunden sein. Bei Künstlern sehen wir häufig, dass das Gefühl rasch angesprochen wird. Und dass es sich daraufhin mit der Handlung verbindet, wie zum Beispiel beim Bildhauer, oder mit einer Vorstellung, wie beim Dichter.

Auch die Art der Gefühle, die im Vordergrund stehen, ist häufig eine Sache der Konstitution. Ob jemand optimistisch oder pessimistisch ist, ob jemand rasch immer alle möglichen Hindernisse auf seinem Weg erkennt oder im Gegenteil bevorzugt Chancen erkennt, sagt etwas über seine innere Veranlagung aus.

Es ist eine reizvolle Beschäftigung, in der eigenen Umgebung einmal nach Menschen Ausschau zu halten, die als Beispiel für diese unterschiedlichen Konstitutionen dienen können.

Im Folgenden wollen wir verschiedene Aspekte der körperlichen Konstitution aufführen. Wir sprachen oben von vier unterschiedlichen Schichten der körperlichen Energie:

1. Energie für den Aufbau und die Instandhaltung des stofflichen Körpers;
2. Energie für das Ergreifen und Vereinnahmen des Raumes, die Wahrnehmung und die Bewegung;

3. Energie, die in Denkkraft metamorphosiert wird;
4. Energie, die für den Instinkt benutzt wird, für das Gefühlsleben.

Auf all diesen Ebenen können Einseitigkeiten auftreten:

1. Einseitigkeiten in der körperorientierten Energie äußern sich im Bereich der Temperamente;
2. Einseitigkeiten im Bereich der Raum vereinnahmenden Energie äußern sich in den Konstitutionstypen Hysteriker, Neurastheniker und Epileptiker (darüber später mehr);
3. Einseitigkeiten im Denken äußern sich beispielsweise in einer mehr autistischen Problematik;
4. Entgleisungen im Bereich des Instinkts können zu Persönlichkeitsstörungen führen.

Einseitigkeiten in der körperorientierten Energie: Die vier Temperamente

In diesem Kapitel wollen wir die unterschiedlichen Aspekte der körperorientierten Energie näher betrachten, ihren Zusammenhang mit den Körpersäften, wie er im Mittelalter gesehen wurde, und die Art und Weise, wie diese die Grundstimmung beeinflussen, die wir jeweils erleben – unser Temperament.

Die Energie, die für den Aufbau und die Regeneration des Körpers benötigt wird, besitzt verschiedene Qualitäten:

1. biochemische Prozesse
2. Verdichtung
3. Polaritäten und Gleichgewicht
4. Durchwärmung

1. Biochemische Prozesse

Die biochemischen Prozesse bilden den Stoffwechsel im engeren Sinn. Es gibt einen fortwährenden Strom von Nahrungsstoffen, die aus dem Darm aufgenommen werden. Nahrung wird im Darm abgebaut, und die Bausteine für den weiteren Stoffwechsel werden auf dem Wege über die Darmwand in das Blut übernommen. Daraufhin werden sie zur Leber transportiert. Auch Stoffe, die im Körper abgebaut worden sind, werden zu Bausteinen, die aufs Neue benutzt werden können. Dann werden sie zu Eiweißen, Fetten und Kohlehydraten umgewandelt. Diese haben häufig eine lange, manchmal auch nur eine kurze funktionale Lebensdauer. Nach diesem Lebenszyklus werden sie wieder abgebaut. So werden Organe aufgebaut und Schädigungen repariert.

Das Zentrum dieses Aufbaus befindet sich in der *Leber*, doch in jeder Körperzelle finden wir etwas von dieser Leberaktivität wieder. Dies alles findet in einer wässrigen Lösung statt, in einem wässrigen Milieu. Wir könnten wir auch vom *Wasserelement* des Körpers sprechen.

2. Verdichtung

Daneben gibt es einen zweiten Prozess: den der Verdichtung und der Verhärtung. Das Element des Verdichtens und des Strukturierens ist das Element der *Erde*.

Gäbe es ausschließlich das Wasserelement, könnte sich der Körper niemals zur festen Form verdichten, wir könnten nicht auf dem Festland leben. Durch die Verdichtung wird der Stoffwechsel in eine größere Verzögerung geführt und es entstehen festere Formen. Diese schaffen Stabilität, die wir in den Knochen, in den Gelenkkapseln und in den Zellwänden finden. Es entsteht Struktur. Doch niemals zieht sich das Leben daraus völlig zurück. Immer findet weiterhin ein träger Prozess der Erneuerung statt. So bleibt auch hier das Leben, doch nun dient es der Stabilität. Innerhalb dieser festen

Struktur finden im wässrigen Element die chemischen Prozesse im engeren Sinn statt.

Der Prozess der Verdichtung und Verhärtung begann sich in der Evolution stärker auszuwirken, als sich das Leben vom Wasser auf das Land verlagerte. Damals gelangte der Körper stärker unter den Einfluss der Schwerkraft, dies erforderte einen stabileren Körper und stabilere Knochen.

Das Organ, das zum Element der Erde gehört, ist die *Lunge*. Die Lunge ist das Organ, das in der Evolution entstand, als die Tiere aus dem wässrigen Milieu auf das Festland gelangten. Damals wurde es notwendig, den Sauerstoff aus der Luft zu holen statt aus dem Wasser. Die Lunge ist auch das Organ, das erst dann zu funktionieren beginnt, wenn das Kind erst geboren ist, also wenn es aus dem wässrigen Milieu tatsächlich auf der Erde ankommt.

Die Lunge nimmt den Sauerstoff auf dem Weg der Diffusion aus der Luft auf. Dies ist ein passiver Prozess, also etwas anderes als etwa die Aufnahme von Nahrung im Darm, die aktiv geschieht. Für die Prozesse im Darm werden große Mengen von Enzymen benötigt, die die Nahrungsstoffe abbauen, sodass die Grundstoffe vom Körper aufgenommen werden können: Ein echter Wasserprozess, ein im wässrigen Milieu verlaufender Prozess, ein ›Leberprozess‹.

Diffusion dagegen ist ein ›Erdprozess‹. Es wird dafür kein Leben benötigt. Man kann dies auch beobachten, wenn man Tee aufbrüht: Ein Beutelchen hängt im Wasser, und ganz allmählich wird das gesamte Wasser zu Tee, weil sich die Teeteilchen durch das Wasser bewegen, bis eine gleichmäßige Lösung erreicht wird.

In der Lunge wird Sauerstoff aufgenommen, der in den Körperzellen für die Verbrennung benötigt wird. Bei der Verbrennung entsteht Kohlendioxid, das wir als die Asche dieses Verbrennungsprozesses betrachten können. Diese Asche wird von der Lunge dann ausgeschieden – die Ausatmung.

Der Anreiz zum Atmen wird vom Körper erzeugt, wenn ein Überschuss an Kohlendioxid ins Blut gelangt. Dieser Reiz ist stärker als der, der entsteht, wenn zu wenig Sauerstoff vorhanden ist. Also liegt der Schwerpunkt eher auf dem Ausscheiden der Asche als auf dem Anfachen des Feuers.

3. Polarität und Gleichgewicht

Ein dritter Prozess ist der der Homöostase: die Selbstregulation bzw. das Halten des Gleichgewichts polarer Prozesse. In der Natur ist es das Luftelement, das Gleichgewicht schafft. Luft ist komprimierbar. Dadurch entsteht der Luftdruck. Unterschiede im Luftdruck führen zu Hoch- und Tiefdruckgebieten. Diese wiederum beeinflussen in hohem Maße das Wetter.

Zwischen Gebieten mit hohem Druck und solchen mit niedrigem Druck entsteht eine Spannung, was zu einer Luftströmung führt, die die Druckunterschiede wieder in einen Ausgleich führt. Das ist der Wind.

Das Luftelement erzeugt sowohl die Dynamik der Druckunterschiede als auch die Möglichkeit, diese wieder in ein Gleichgewicht zu bringen. Im Körper sind dies ebenfalls Prozesse der Spannung und der Entspannung.

In den Muskeln führen Unterschiede in der Spannung zu Bewegung. Muskelspannung erzeugt Bewegung, Entspannung führt sie wieder zurück in ihren Ruhezustand.

In den Nerven entstehen Unterschiede in der Spannung durch die Wirkung von Natrium und Kalium. Durch diese Spannungsunterschiede entsteht eine Reizweiterleitung, wodurch Informationen durch den Körper vermittelt werden.

Das Organ, in dem das *Luftelement* hauptsächlich wirkt, sind die *Nieren*, die für das Gleichgewicht zwischen Natrium und Kalium sorgen. Wenn die Nieren richtig arbeiten, besteht eine gute Balance zwischen diesen beiden Stoffen im Körper, was wiederum eine Vorbedingung für gute Reizleitung ist. Auch regeln sie die Balance zwischen Säuren und Basen und sorgen damit für den richtigen Säuregrad.

Zu den Nieren gehören auch die Nebennieren. Diese produzieren die Hormone Adrenalin und Cortisol. Beide Hormone spielen eine Rolle in Bezug auf das Maß an Spannung, das der Körper erzeugt.

Die Nieren regeln auch die Tiefe der Atmung. Sie nehmen wahr, wenn eine zu starke Übersäuerung im Körper stattfindet. Dann sorgen sie dafür, dass die Lunge tiefer atmet, um diese Säure wieder auszuscheiden. Die Lunge führt diese Handlung auf ›Anforderung‹ der Nieren aus.

4. Durchwärmung

Der vierte Prozess ist das Durchwärmen. Im Durchwärmen kommt es zu einer Auflösung – und durch diese Auflösung kann ein Ganzes gebildet werden. Wärme verbindet die Teile und macht ein Ganzes daraus. Dies kennen wir aus der Wärme der Begeisterung und aus der Wärme, die zwischen Menschen leben kann in Form von Liebe oder Anerkennung.

Die zentrale Funktion bei der Versorgung des Körpers mit Wärme erfüllt das *Herz*. In Biologiebüchern lesen wir, dass das Herz eine Pumpe ist. Diese Pumpe verliert viel Energie in Form von Wärme, die vom Blut abtransportiert wird. Das Herz ist dadurch in seiner Funktion nicht optimal effizient.

Man kann die Sache jedoch auch umdrehen: Das Herz produziert Wärme und gibt diese an den Körper ab. Das tut es, indem es das Blut herumpumpt. Wenn man das Herz als ein Erwärmungsorgan betrachtet, stimmt dies auch mit unserem Sprachgebrauch überein: In Ausdrücken wie »herzerwärmend« und »Herzlichkeit« spiegelt sich dieser Tatbestand.

Ein zweiter Aspekt neben dem der Erwärmung ist der des Verbindens, des Herstellens einer Ganzheit. Das Herz bekommt von allen

Seiten aus dem Körper Blut zugeliefert. Es besteht ein Unterschied zwischen dem Blut, das aus der Leber stammt und mit Nahrungsstoffen beladen ist, und jenem, das aus den Nieren stammt und dort erneuert wurde. So kommt Blut aus der Leber, den Muskeln, den Nieren und dem Kopf in unterschiedlichen Strömen zusammen. Das Herz macht daraus eine Einheit, eine Ganzheit. Dann erwärmt es sie und schenkt diese durchwärmte Einheit wieder an den Körper zurück. Jedes Organ erhält dasselbe Blut, und so empfängt jedes etwas von allen anderen Organen. Die Organe nehmen einander wahr und können auf diese Weise zusammenwirken.

Das beherrschende Element ist hier das des *Feuers*.

So lassen sich in den Prozessen, die den Körper bilden, vier verschiedene Akzente unterscheiden: biochemische Prozesse, Verdichtung, Reizempfindung und Erwärmung bzw. Einheitsbildung: Wasser, Erde, Luft und Feuer.

Im Zusammenwirken dieser Prozesse kommt es auch zu Einseitigkeiten. Beim einen Menschen überwiegen die biochemischen Prozesse des Wasserelements, bei einem anderen das Verdichtende des Erdenelements. Es entsteht jeweils eine individuelle Komposition der vier Elemente.

Die persönliche Komposition äußert sich in der Art und Weise, wie der Körper strukturiert wird, also im Körperbau, und darin, wie wir uns unserer Umgebung darstellen. Das vermittelt eine Grundstimmung. Wir können dieses Phänomen mit einem Orchester vergleichen. Da gibt es unterschiedliche Instrumentenhauptgruppen. Wir haben Streicher, Bläser, Schlagzeug. Wie die Musik klingt, hängt davon ab, wie die unterschiedlichen Instrumentengruppen zusammenwirken. Herrschen die Bläser vor, führt dies zu einer anderen Klangharmonie, als wenn die Streicher dominieren.

Diese Grundstimmungen bezeichnen wir als *Temperamente*.

Der Begriff Temperament hängt etymologisch zusammen mit dem lateinischen Wort *temperamentum*. Das bedeutet: das richtige Gleichgewicht bzw. das rechte Verhältnis. In unserem Fall handelt es sich also um das richtige Gleichgewicht zwischen den vier Elementen. Der römische Arzt Galenus brachte den Begriff des Temperaments in einen Zusammenhang mit den Elementen und den vier Körpersäften: Blut, Schleim, gelbe und schwarze Galle. Auf dem Wege über diese vier Säfte wirkten seiner Meinung nach die vier Elemente auf die physiologischen Funktionen des Körpers ein. Ihre Mischung beeinflusst den Bau des Körpers und gibt dem Stoffwechsel Akzente; das führt zu einer bestimmten ›Farbe‹. Die Seele, die im Körper wohnt, erlebt dies als eine bestimmte Grundstimmung.

Je ausgesprochener die Einseitigkeit in der Komposition der Körperenergie ist, desto stärker ist die Rolle, die sie spielt. Und das bezeichnen wir als das *Temperament* eines Menschen. Das Temperament ist die ›Klangfarbe‹, die sichtbar wird in der Art und Weise, wie unser Körper gebaut ist, in der Weise, wie wir uns bewegen und wie unsere Gefühle und Gedanken funktionieren. Es ist eines der Merkmale, durch die sich die Menschen voneinander unterscheiden.

Das Temperament kann sowohl Kraft vermitteln als auch Widerstand bieten. Wenn wir diesen Widerstand erkennen, bietet dies die Möglichkeit, damit umzugehen, es einzusetzen.

Man unterscheidet vier Temperamente:
1. cholerisch
2. melancholisch
3. phlegmatisch
4. sanguinisch.

In diesen Bezeichnungen stecken wiederum die vier Körpersäfte: Cholerisch hängt mit *chol* zusammen, was Galle bedeutet. Hier ist die Galle gemeint, wie sie die Leber unmittelbar in den Darm ausscheidet: eine aktive, gelbe Flüssigkeit. Das Wort melancholisch hängt zusammen mit *melas*, schwarz und wiederum *chol*, Galle. Die schwarze Galle ist die Galle, wie sie in eingedickter Form in der Gallenblase auftritt. Es gibt einen Zusammenhang zwischen den Worten melancholisch und schwarzgallig. Im Bedeutungszusammenhang der Temperamente allerdings ist der Gebrauch des Wortes Schwarzgalligkeit viel zu massiv. Im Begriff des Sanguinischen klingt *sanguis*, Blut, hindurch, und beim Phlegmatischen das Wort *phlegma*, Schleim.

Ausgehend von den Energieströmen, wie wir sie soeben beschrieben haben, können wir die verschiedenen Temperamente verstehen.

1. Cholerisch:

Ein Choleriker verfügt über viel Wärmeenergie, das Feuerelement überwiegt. Der Choleriker lebt im Willen und in der Tatkraft. Das bewirkt, dass er sehr nach außen gewandt ist, temperamentvoll und unternehmend. Denken heißt bei ihm Tun. Sehen ist Tun. Die Gedanken folgen häufig auf die Taten, anstatt ihnen voranzugehen. Der Choleriker kann sehr ausdauernd und beharrlich sein, er bekommt dadurch Dinge, die er unternimmt, leicht auf den Boden. Choleriker sind sehr direkt in ihren Reaktionen und finden es schwierig, erst einmal bis zehn zu zählen, wenn dies wünschenswert wäre.

Wenn das Temperament zu einseitig wird, neigt es zum Verlust der Selbstbeherrschung. Dann will der Choleriker recht haben und seinen Willen durchsetzen. Beim Erreichen eines Ziels einen Umweg einzuschlagen oder diplomatisch zu sein, passt nicht zu ihm. Aufgrund des vielen Feuers kann er auch rasch ausgebrannt sein. Dieses Temperament kann zu Egoismus und Gehässigkeit tendieren.

In ihrem Körperbau sind Choleriker häufig gedrungen und kräftig. Die Augen sind oft dunkel, genau wie das Haar. Die Augen können leicht Feuer sprühen. Die Stimme ist kräftig, die Bewegungen sind zielgerichtet. Ihre Art zu gehen erweckt den Eindruck, als wollten sie ihre Füße tief in den Boden graben.

Um dieses Temperament in den Griff zu bekommen, kann es helfen, das Übermaß an Wärmekraft durch körperlich schwere Arbeit abzuleiten. Aufgaben, die gerade ein wenig zu schwierig für ihn sind, können Herausforderungen für den Choleriker darstellen. Auch ein humorvoller Ansatz kann ihm helfen, den Bann, in den er aufgrund seines starken Willens gerät, zu durchbrechen.

2. Melancholisch:

Bei einem Melancholiker überwiegt das Erdenelement, die verdichtenden Kräfte. Menschen mit einem melancholischen Temperament haben die Neigung, sich zu stark mit der Erde und der Schwere zu verbinden. Dadurch geraten sie stark in ihre Eigenwelt und somit nicht selten in Isolation von der Welt und anderen Menschen.

Schmerz und Leid sind Qualitäten, die von ihnen eher wahrgenommen und erkannt werden als Fröhlichkeit. Im Negativen kann der Melancholiker zur Schwermut neigen. Eindrücke dringen tief in ihn ein und wirken lange fort. Wenn positiv hiermit umgegangen wird, kann gerade dies zu Mitgefühl und Mitleid führen. Manchmal gelingt es, diesen Gefühlen einen künstlerischen Ausdruck zu verleihen. Dann setzt sich die Schwere um in Tiefe.

Der Körperbau neigt zum Langen und Dünnen. Die Haltung ist etwas gebeugt, die Schultern können hängen. Die Augen sind etwas trübe, der Blick niedergeschlagen. Die Art des Laufens neigt zum schleppenden, festen Gang.

Körperlich gesehen haben Melancholiker weniger Vitalität. Sie sind eher blass und müde. Außerdem herrscht eine Neigung zu Erkältungen und Einschlafproblemen, weil sie nur schwer loslassen können.

Beim Lernen des Umgangs mit diesem Temperament kann Bewegung hilfreich sein. Aktives Engagement gegenüber anderen, die sich in Not befinden, kann das Empfinden der eigenen Not mildern und erleichtern. Außerdem bedürfen sie der Wärme, sowohl seelisch wie auch körperlich.

Ein bekanntes literarisches Beispiel für einen Melancholiker treffen wir in dem Buch *Pu der Bär* von Alan A. Milne an. Die melancholische Gestalt par excellence wird hier dargestellt durch den Esel I-aah. Er sagt zum Beispiel:»Dass jetzt die Sonne scheint, will nicht heißen, dass es heute Nachmittag nicht regnen wird.«

3. Phlegmatisch:

Pu selbst ist eine ganz andere Gestalt. Für ihn ist es viel bedeutender, ob es nicht langsam wieder Zeit ist für eine kleine Mahlzeit. In einer der Geschichten hat er sich so vollgefressen, dass er in der Öffnung des Kaninchenbaus stecken bleibt. Das bedeutet eine Woche Fasten – eine Katastrophe für ihn. Er ist ein Musterbeispiel für das phlegmatische Temperament. Hier überwiegt das Wasserelement, der Chemismus. Die Lebenskräfte haben ihren Schwerpunkt im Vegetativen, dem aufbauenden Pol der Stoffe.

Im Körperbau erkennen wir die Neigung zum Dickwerden. Ein matter Blick, der immer etwas nach innen gewandt bleibt, und ein schleppender Gang sind typisch. Phlegmatiker sind stark auf das Essen orientiert. Sie neigen dazu, nur selten aus sich selbst heraus Aktivitäten anzugehen und können lange und wiederholt mit ein und derselben Sache beschäftigt sein. Die Stimmung ist gleichmäßig, die Aufmerksamkeit wechselt nicht stark. Sie kommen nur schwer in Bewegung, doch wenn sie sich einmal bewegen, dann können sie dies auch lange durchhalten. Das macht sie zu zuverlässigen Menschen. Die Energie geht in Richtung des Magens und des Darms; der Phlegmatiker liebt das Essen und das ruhige Verdauen.

Im negativen Sinn kann dieses Temperament zur Interesselosigkeit tendieren. Im positiven zur zuverlässigen, lang anhaltenden Beschäftigung mit einer Sache.

4. Sanguinisch:

Das vierte Temperament ist das sanguinische. Hier dominiert das Luftelement. Luft kennt kaum Grenzen, sie hat die Neigung, sämtlichen Raum einzunehmen, der ihr zur Verfügung gestellt wird. Form und Dichte werden durch die Möglichkeiten und Grenzen bestimmt, die ihnen die Umgebung bietet. Luft ist flüchtig und dehnt sich aus. Dies gilt in starkem Maße auch für Menschen mit einem sanguinischen Temperament. Diese neigen ebenfalls zur Flüchtigkeit und finden es schwierig, bei sich selbst zu bleiben.

Die positiven Qualitäten dieses Temperaments sind die Fröhlichkeit und die Vitalität, die zu ihm gehören. Sanguiniker sind selten krank; sie sind beweglich und mit Fantasie begabt. In ihren Gedanken sind sie assoziativ und erfinderisch und haben meistens ein Gefühl für Humor.

Wenn das Temperament zu Einseitigkeiten führt, können sie unter dem Gefühl leiden, sich in der Umgebung zu verlieren. Sie können etwas mit Begeisterung angehen, doch der Spannungsbogen ist meistens kurz. Etwas zu Ende zu bringen, fällt ihnen schwer, da die Aufmerksamkeit bereits wieder von etwas anderem in Beschlag genommen worden ist. Auch Exaktheit ist nicht ihre stärkste Seite. Sie können viele Eindrücke aufnehmen und verarbeiten, aber sie vergessen sie auch schnell wieder. Die Fülle der Eindrücke wirkt sich bei ihnen auf Kosten des Tiefgangs aus.

In ihrem Körperbau sind sie häufig schlank und beweglich. Ihr Gang neigt dazu, die Erde nur oberflächlich zu berühren. Kinder mit einem sanguinischen Temperament neigen zu längerem Hüpfen.

Wenn ein Sanguiniker unter seinem Temperament zu leiden beginnt, kann es hilfreich sein, ihm beispielsweise straffe Kleidung anzuziehen, denn so fühlt er ständig seine Begrenzung. Feste Rhythmen und feste Aufgaben helfen ihm, wieder in die normalen Alltagsdinge zurückzufinden. Dasselbe gilt für feste Ruhepunkte im Tageslauf.

In *Pu der Bär* treffen wir Tigger als Beispiel für das sanguinische Temperament an. Tigger ist immer sehr sprunghaft. Er ist offen für alles.

»Was lieben Tigger am meisten?« – »Alles!«

Als er dann von Pu Honig zu essen bekommt, speit er ihn aus. »Tigger lieben alles, außer Honig!« Sogleich beginnt er frohgemut mit dem Kosten der nächsten Speise, aber auch diese entspricht ihm nicht ...

Bei allen Temperamenten kann man von einem *Grundton* in der Stimmung sprechen, der sich in der Art und Weise des Denkens, der Bewegung und des Im-Leben-Stehens äußert. Dies sorgt für Lebendigkeit. Wenn dieser Grundton zu Einseitigkeiten führt, wird er zu einem Thema für das Ich, dem dann die Aufgabe zukommt, eine Beziehung zu diesen einseitigen Tendenzen zu suchen und regulierend zu wirken.

Der Sanguiniker kann zu Konzentrationsschwierigkeiten und Oberflächlichkeit neigen, der Melancholiker zur Schwermut, der Phlegmatiker zur Starrheit und der Choleriker zum Tun um des Tuns willen. Dann wird eine persönliche Färbung leicht zur Karikatur, und diese wirkt sich hinderlich aus.

Bei all den beschriebenen Charakteristiken gilt: Es sind Einseitigkeiten in der Konstitution. Wie jemand sich letztendlich verhält, wird auch von der Kraft seines Ich und durch den Reichtum seiner Seele bestimmt. Ein kräftiges Ich kann die Einseitigkeiten der Konstitution im Griff behalten und bewusst durch andere Dinge kompensieren. Die Fähigkeit der Seele zum starken Interesse, sodass in der Begegnung mit anderen Menschen ein lebendiger Austausch entsteht, kompensiert ebenfalls einen Teil der Einseitigkeit der jeweiligen Konstitution.

Einseitigkeiten in der raumbezogenen Energie: Konstitutionstypen

In der anthroposophischen Medizin unterscheiden wir verschiedene Konstitutionstypen:

1. konstitutionell zu dünne Haut
2. konstitutionell zu dicke Haut
3. der gestaute Typ

In der alten Terminologie hieß das jeweils die hysterische, die neurasthenische und die epileptische Konstitution. Diese Begriffe sind mit verschiedenen Einschränkungen behaftet, doch ich werde sie hier trotzdem gebrauchen. Diese Typologie hängt mit der Art und Weise zusammen, wie sich die Körperenergie mit der Umgebung verbindet.

1. Eine zu dünne Haut – die hysterische Konstitution

Bei der Hysterie handelt es sich um Menschen mit einer relativ ›dünnen Haut‹. Wir sprechen hier nicht von der physischen Haut, sondern von Haut im übertragenen Sinne. Die Lebenskräfte werden zu wenig zusammengehalten und ›schwärmen‹ dadurch allzu leicht und allzu weit in die Umgebung aus. Deswegen beanspruchen Menschen mit einer hysterischen Konstitution gern viel seelischen und physischen Raum. Sie kennen das vielleicht bei bestimmten Menschen: Sie betreten das Zimmer und es ist sofort gefüllt. Durch die dünne Haut ist ein lebendiger Strom von innen nach außen und ein genauso lebendiger Strom von außen nach innen vorhanden. Den ersten erkennen wir an Unruhe oder einem stark ausgeprägten Mitteilungsbedürfnis, Letzterer ist häufig gekennzeichnet von einer assoziativen Lebendigkeit. Beim Reden können solche Personen häufig lachen, was einen fröhlichen Eindruck erwecken kann, jedoch inhaltlich keinerlei Zusammenhang mit dem zu haben braucht, was sich wirklich ereignet. Viele Dinge werden herangezogen, der Strom der Assoziationen ist reich, doch ist es für die Zuhörer manchmal schwierig, zu folgen. Diese Menschen können beweglich und tatkräftig sein.

Sie nehmen auch viele Eindrücke auf und können schnell darauf reagieren. Diese vielen Eindrücke wollen aber auch verarbeitet werden, und wenn dies nicht gut gelingt, entsteht innere Unruhe. Weil die Haut dünn ist und sehr vieles in den Menschen hereinkommt, was nicht vom Ich ›in Empfang genommen‹ werden kann, kann jemand mit einer derartigen Konstitution leicht verletzt reagieren oder sich beleidigt fühlen. Dies wiederum kann zu einer Verstärkung des hysterischen Reaktionsmusters führen – so entstehen manchmal Dramen. Auch das Gegenteil kann eintreten: Jemand zieht sich völlig in sein Inneres zurück und sagt nichts mehr. Die Lebendigkeit steckt jetzt in den ins Innere zurückgenommenen Gefühlen. Häufig kann es geschehen, dass der Betreffende erst später bemerkt, wie angegriffen er sich fühlt, und dann sekundär reagiert.

Ein Mensch mit einer hysterischen Konstitution hat schnell ein Problem mit seinen Grenzen – diese liegen zu weit außerhalb von ihm, und das macht ihn ›grenzenlos‹: Er nimmt viel Raum ein und fordert zu viel Aufmerksamkeit. Die Dinge überkommen ihn, so entstehen Impulse, denen keine wirklichen Entscheidungen oder Wünsche zugrunde liegen. Sie gehen einfach mit ihm durch. Das Ich muss sich ständig anstrengen, diese Neigung, die aus der Konstitution kommt, zu kompensieren. Aber durch die dünne Haut und das leichte Aus-sich-Herausgehen erfährt so jemand im Inneren zu wenig Widerstand und kommt dadurch schwerer zu Selbstbewusstsein. Dadurch erhält rasch die Umgebung die Schuld an allem, was schief geht.

Durch den großen ›Raumbedarf‹, der dieses Muster kennzeichnet, können Menschen mit einem solchen Konstitutionstyp andere Menschen abstoßen. In erster Linie machen sie einen netten und gemütlichen Eindruck. Dann aber können sie einem auch das Gefühl vermitteln, man würde von ihnen zur Seite gedrängt, da sie sämtlichen bestehenden Raum für sich zu beanspruchen scheinen. Es kann dann nach der ersten Sympathiereaktion eine zweite folgen, jetzt allerdings mit Antipathie verbunden. Das ist schade für denjenigen, der der Träger einer solchen Konstitution ist. Er wird derartige Reaktionen häufiger erfahren, und dadurch ist er doppelt durch diese Konstitution beeinträchtigt. Wie finden wir, auch als Zuhörer, die Mitte zwischen diesen Sympathie- und Antipathiereaktionen?

Wenn die Lebensenergie so stark ausströmt und einen zu großen Raum einnimmt, wird sie leicht mit der Stimmung der anderen mitvibrieren. Diese Menschen spüren rasch, was in anderen lebt. Das ist eine durchaus positive Empfindlichkeit, solange das Ich stark genug ist, es zu registrieren, doch sie kann sich auch so verstärken, dass der Betreffende Beschwerden und Schmerzen ›übernimmt‹, wenn sein Ich in ungenügender Weise engagiert ist

Große Gruppen sind für mich immer sehr ermüdend. Nach einer Sitzung bin ich häufig schrecklich erledigt. Ich will mich auf den Inhalt konzentrieren, doch unterdessen muss ich mich auch sehr anstrengen, die Stimmung der anderen aus mir herauszuhalten. Es passiert auch, dass ich hinterher mit Kopfweh nach Hause komme und später von einem anderen Teilnehmer höre, dass er ebenfalls unter Kopfweh litt. Ich übernehme solche Dinge leicht von anderen ...

Wenn die Energie bei einem Menschen die Neigung hat, sich zu stark nach außen zu ergießen, stellt sich die Frage, ob genügend für das Innere übrig bleibt. Ist dies nicht der Fall, entsteht eine innere Leere. Das führt zu Unsicherheit, weil der eigene Kern zu wenig erlebt wird. Dann ist so jemand rasch verletzt und bekommt eine leicht verwundbare Seele. Um so etwas überhaupt auszuhalten, kann es sein, dass eine Art Notbremse gezogen wird, indem man sich aus dem Kontakt mit anderen Menschen zurückzieht und sich abkapselt.

Wenn im Inneren genügend Kern übrig bleibt, kann so ein Mensch sich dessen bewusst sein, was er wahrnimmt bzw. von anderen übernimmt. In der gesunden Form kann dies zu einem guten Einfühlungsvermögen anderer Menschen gegenüber führen. Dann wird diese Fähigkeit zur Empathie, der starken Kraft des Ein- und Mitfühlens. Die Empfindlichkeit gegenüber der Umgebung kann auch zu einer gewissen künstlerischen Fähigkeit führen, wenn sie produktiv gestaltet wird.

Wenn aber das Zentrum im Inneren zu leer wird und das Ich zu wenig Griff auf das ausübt, was sich außen abspielt, kann Angst entstehen. Die Konstitution sorgt dann aufgrund des zu starken Wahrnehmens für Verwirrung, weil die Wahrnehmungen nicht verarbeitet werden. Es kommt zu viel herein, das bedrohend wirken kann.

Auch können Menschen mit einer hysterischen Konstitution besonders sensibel sein für Dinge, die nicht sinnlich wahrnehmbar sind. So etwas kommt zum Beispiel in folgender Erfahrung zum Ausdruck:

Ich erlebe häufig, dass Verstorbene um mich herum sind. Ich fühle sozusagen, dass sie etwas von mir erwarten. Wenn ich mich gut fühle, kann ich ganz gut damit umgehen. Doch wenn ich unter Stress stehe oder müde bin, macht es mir manchmal Angst. Dann fühle ich mich wie belagert. Ich habe eine Zeit lang versucht, mich dagegen abzuschließen, aber das gelingt nicht so gut. Ich habe auch das Gefühl, dass dies nicht ehrlich wäre. Sie, die Verstorbenen, bedürfen auch unserer Aufmerksamkeit; es scheint mir häufig, als seien sie sehr einsam. Wenn ich ihnen erzähle, dass ich mich ihnen an einem ganz bestimmten Moment des Tages widmen werde, macht das einen großen Unterschied in Bezug auf meine innere Ruhe.

Hier beschreibt eine Frau, wie stark sie sich der Gegenwart der Seelen der Verstorbenen und der Fragen bewusst ist, die sie stellen. Wenn eine solche Erfahrung im Unbewussten bleibt, kann dies zu Angstgefühlen führen.

Der Körperbau eines Menschen mit einer hysterischen Konstitution neigt aufgrund seines starken Lebenskräftestroms zu einer fülligeren Figur. Die Haut wird dicker und feuchter, alle Formen tendieren mehr zum Runden. Durch das starke Strömen der Lebenskraft sehen diese Menschen noch sehr lange jung aus.

Die hysterische Konstitution hat nur wenig mit dem, was unter den Terminus der eigentlichen Hysterie fällt, zu tun. Menschen mit einer hysterischen Konstitution neigen vielleicht etwas häufiger zu deren typischen Merkmalen (Übertreibungen, Empfindlichkeiten etc.), aber bei der Anwendung des Wortes im Sinne einer reinen Konstitutionsbeschreibung sollte damit kein Urteil verbunden werden.

Wenn Sie eine solche Konstitution haben und sie bereitet Ihnen Probleme, sollten Sie sich damit auseinandersetzen. Aus Ihrem Ich heraus können Sie ein Gegengewicht schaffen, mit dessen Hilfe es Ihnen gelingt, das Ausufern der Energie zu kompensieren oder einzudämmen. Damit verändert sich die Konstitution zwar noch nicht, doch Sie sorgen dafür, dass sie Ihnen nicht allzu viele Beschwerden macht. Das tatsächliche Umwandeln einer Konstitution erfordert viel Zeit und Durchsetzungsvermögen!

Die ›Rückwärtslauf-Übung‹

Eine Übung, mit welcher man die hysterische Konstitution zu kompensieren versuchen kann, ist die ›Rückwärtslauf-Übung‹. Während des Tages nehmen Sie sich regelmäßig kurz Zeit, rückwärts zu laufen, im Zimmer, auf der Treppe, an einem ruhigen Ort an Ihrer Arbeitsstelle. Ruhig und ohne sich umzuschauen laufen Sie einfach ein Stück rückwärts.

Was geschieht bei dieser Übung? Normalerweise ist unsere Aufmerksamkeit nach vorn orientiert. Beim Laufen sehen wir mit unseren Augen unbewusst, was vor uns liegt, wir sehen, wohin wir unsere Füße setzen können, wir sehen auch die Hindernisse, die wir umgehen müssen. Unsere Energie ist normalerweise um uns herum ausgebreitet – im Fall dieser Konstitution häufig zu weit. Wenn wir rückwärts laufen, müssen wir mit unseren Füßen spüren, wo wir sie hinsetzen und ob wir dort tatsächlich stehen können. Das Nahen von Hindernissen müssen wir mit unserem Rücken spüren. So strömt unsere Aufmerksamkeit wie selbstverständlich nach unten und in unseren Rücken und zieht sich etwas aus ihrer hysterischen Ausbreitung zurück. Auch im Fitnessstudio kann man diese Übung anwenden, indem man das Laufband auf das niedrigste Tempo stellt und dann ganz langsam läuft. Oder indem man rückwärts auf dem Laufband läuft, im selben niedrigen Tempo.

Umgekehrte Reihenfolge Eine andere Übung besteht darin, in Gedanken Sätze rückwärts zu sprechen. Sie können zum Beispiel ein Lied nehmen, das Sie gut kennen, und drehen dann die Sätze um. »Ich laufe auf der Straße« wird dann »Straße der auf laufe ich«. Sie können dies so lange fortsetzen, wie Sie wollen. Auch in dieser Übung geht es darum, die Energie mehr bei sich zu halten. Einen Satz in umgekehrter Reihenfolge zu sprechen, erfordert eine hohe Konzentration und zieht so Energie zu uns hin. Dasselbe gilt, wenn wir versuchen, ein Buch oder eine Geschichte in umgekehrter Abfolge nachzuerzählen.

Wenn wir durch solche Übungen deutlicher erfahren, wie es sich anfühlt, wenn unsere Energie in besserer Verteilung in und um uns herum ist, können wir denselben Effekt schließlich auch ohne solche Übungen erzielen.

2. Eine zu dicke Haut – die neurasthenische Konstitution

Anders ist es beim Pendant: der neurasthenischen Konstitution. Bei jemandem mit einer solchen Konstitution bleibt die Energie meistens im Inneren. Solche Menschen haben gewissermaßen eine zu dicke Haut. Sie können sie mit ihrer Lebensenergie nicht durchdringen und bleiben zu stark in sich selbst eingeschlossen.

Im Verhalten äußert sich dies in Form einer introvertierten Haltung. Die Aufmerksamkeit gelangt nur träge nach außen. Häufig machen diese Menschen einen gefühlsarmen Eindruck. Sie kommen auch schwerer in Bewegung. In einem Gespräch sind sie häufig still, aber wenn dann ein Thema an die Reihe kommt, das sie persönlich berührt, können sie plötzlich zum Vorschein kommen und viel Raum einnehmen mit eigenen Erfahrungen und Erlebnissen.

Als Folge ihres eingeschränkten Interessenrahmens können sie sich auch positiv in einzelne Themen vertiefen und darin dann besonders korrekt sein. Bittet man sie, rasch einmal zu improvisieren, führt das jedoch schnell zu Überlastung.

Ich arbeite als Buchhalter in einer großen Fachbuchhandlung. Seit einem Monat ist mein Chef krank und ich muss viel von seiner Arbeit erledigen. Wenn plötzlich jemand krank ist, muss ich für Vertretung sorgen oder die Aufgaben selbst übernehmen. So komme ich immer weniger zu meiner eigenen Arbeit. Darum habe ich einen Rückstand in den Bezahlungen der Rechnungen. Dies widert mich an und ich fühle mich schuldig gegenüber den Menschen, die Geld von uns zu bekommen haben. In letzter Zeit bin ich häufig sehr müde und schlafe weniger. Abends werde ich diese Unruhe nicht los. Und jetzt erzählen Sie mir auch noch, dass ich unter hohem Blutdruck leide!

Diese Menschen werden in Gesellschaft weniger Raum einnehmen. Man übersieht sie rascher. In einem Gespräch oder einer Sitzung verfolgen sie vor allem das, was sie selbst angeht. Assoziationen anderer verlieren sich rasch im Unbestimmten. Es dauert länger, bevor sie zu Wort kommen, und damit ist die Chance groß, dass sie übergangen werden.

Menschen mit einer neurasthenischen Konstitution haben einen eher langen und dünnen Körper und eine reduzierte Vitalität. Sie sehen früh alt aus. Sie sind weniger empfindlich gegenüber Eindrücken aus der Umgebung und stärker auf sich selbst hin orientiert. Durch diese Orientierung auf sich selbst nehmen sie stärker wahr, was in ihrer persönlichen Innenwelt lebt, also auch das, was in ihrem Körper vorgeht. Körperliche Beschwerden werden stärker erlebt, und Behagen oder Unbehagen aus dem Körper erhalten mehr Einfluss auf die Stimmung. Dies kann leicht zu Überbesorgtheit oder einer wehleidigen Haltung führen, auch auf dem Gebiet der eigenen Gesundheit. Dann entsteht das Bild des Hypochonders.

Ich habe einen sehr schwierigen Kollegen bei meiner Arbeit! Wenn ich ihm etwas erzähle, was ich erlebt habe, fängt er sofort an, von sich selbst zu reden. Und wenn man ihn dann darauf hinweist, dass er einen Fehler gemacht hat, nimmt er dies sofort furchtbar persönlich und bezieht es auf seine gesamte Arbeitsleistung, statt nur auf den Vorgang, um den es sich handelt.

Die ›Einpräge-Übung‹   Auch hier gibt es Übungen, die dazu beitragen können, Einseitigkeiten dieser Konstitution zu kompensieren. Zum Beispiel die ›Einpräge-Übung‹.

Wir nehmen uns ein paar Mal am Tag einen Moment lang die Zeit, einen willkürlichen Gegenstand bewusst irgendwo hinzulegen. Dabei nehmen wir den Gegenstand und dessen Umgebung als ein klares, deutliches Bild in uns auf. Wir sagen dann zum Beispiel zu uns: »Ich lege jetzt meinen Bleistift hier hin.« Er liegt auf dem Tisch, in einem Winkel von 45 Grad zum Tischrand. Seine Position ist 20 Zentimeter vom Rand entfernt, neben dem Buch. Sie schließen dann die Augen und versuchen noch einmal, das Bild so lebendig wie möglich vor sich zu sehen. Wenn Sie sich nicht mehr sicher sind, öffnen Sie die Augen noch einmal kurz und verfeinern bzw. korrigieren das Bild.

Was geschieht bei dieser Übung? Sie nehmen die Umgebung kurz ›in sich auf‹, wie man sagt. Doch eigentlich breiten wir selbst etwas von uns über die Umgebung aus. Das, was wir wahrnehmen, wird ein Teil von uns. Wir sind sozusagen einen Moment lang in diese Umgebung hinein ›ausgestülpt‹. So verlagern wir unsere Energie nach außen, wir vollführen die entgegengesetzte Bewegung zu jener, die unsere Konstitution normalerweise vollzieht. Diese Übung kann auch Menschen helfen, bei denen die raumfüllende Energie aufgrund von Müdigkeit oder Erschöpfung zu schwach ist.

3. Die gestaute Konstitution

Eine dritte Art von Konstitution ist die gestaute oder epileptische Konstitution. Als Konstitutionsbild wird dieser Begriff weitaus umfassender angewandt als im Falle der Epilepsie als Krankheit. Bei der epileptischen Konstitution spielt die Neigung zur Stauung eine große Rolle. Im normalen Leben wird eine gewisse ›Ladung‹ aufgebaut, die nicht verarbeitet werden kann. Diese Ladung wird im Körper gespeichert. Dadurch entsteht das Gefühl einer Stauung. Wenn jemand mit einer hysterischen Konstitution zu stark nach außen ausschwärmt und jemand mit einer neurasthenischen Konstitution sich stets zu stark im eigenen Inneren verhakt, so gelingt es bei der epileptischen Konstitution nicht recht, durch den Widerstand, den der Organismus bietet, hindurchzustoßen. Zuerst mag dies für eine Weile gelingen, doch allmählich beginnen bestimmte Organe immer mehr Widerstand zu leisten. Dann tritt eine ständig zunehmende Stauung auf, und durch diese Stauung empfindet sich ein solcher Mensch immer stärker auf sich selbst zurückgeworfen, er erlebt dies als unangenehm und lästig. Häufig ist er sich dessen nicht bewusst, daher äußert sich der Missmut oft in einer unzufriedenen und kritikfreudigen Stimmung. Der Körper sucht nach einiger Zeit nach einer Möglichkeit, diese Ladung wieder abzuleiten. Das geschieht dann plötzlich und explosiv, in einem Versuch, sich selbst zu heilen.

Es gibt verschiedene Wege, auf denen der Körper diesen Stau abbauen kann. Einer ist die Erzeugung eines heftigen Fieberanfalls. Dies sieht man häufig, vor allem bei Kindern. Ein Kind mit einer solchen Konstitution kann plötzlich hohes Fieber bekommen. Es hält einige Stunden lang an und geht dann wieder zurück. Am Morgen liegt das Kind äußerst krank im Bett, mittags spielt es schon wieder lebhaft im Freien. Ein derartiges Fieber ist nicht die Äußerung einer Krankheit als Folge einer Bakterien- oder Virus-Infektion, sondern ein Versuch des Organismus, sich wieder durchlässig zu machen und den Überschuss an gestauter Energie abzuführen. Darum hilft es auch nicht, solche Kinder länger im Hause zu behalten, als das Fieber andauert. Und das Dämpfen des Fiebers durch fiebersenkende Mittel arbeitet in diesem Falle sogar *gegen* den Körper.

Eine zweite Art, die gestaute Energie abzubauen, ist ein Migräneanfall. Dabei wird die gestaute Energie nicht wie beim Fieber verbrannt, sondern sie drängt in den Kopf. Dort führt die Stauung zu Kopfschmerzen. Häufig geht ein solcher Anfall mit Erbrechen einher, was man auch als ein Symbol für Abneigung und Ekel betrachten kann, welche physisch ausgelebt werden. Uns wird buchstäblich übel von etwas! Dies dauert ein paar Stunden lang, manchmal sogar ein paar Tage. Unterdessen werden Eindrücke von außen soweit wie möglich vermieden, der Betreffende isst nicht viel; dadurch entsteht Zeit für einen inneren ›Großputz‹.

Nach einem Migräneanfall fühlen die Betreffenden sich häufig innerlich gereinigt und erleichtert.

Während eines Kurses, in dem viele sensible innere Themen an die Reihe kamen, berichtete eine Frau, wie sie spürte, dass sich ein Migräneanfall einstellte. Sie war sehr enttäuscht, diesen Tag zu versäumen. Nachdem wir jedoch kurz heftig miteinander gerungen hatten, wobei sie ihre gesamte Wut ausleben durfte, war sie wiederhergestellt und konnte doch noch am Kurs teilnehmen.

Eine dritte Art des Abbaus solcher Spannungen sind Wutanfälle. Hier wird die überschüssige Ladung nicht über den Körper abgeleitet, sondern auf dem Weg über die Seele. Die aus der Seele kommende Ladung wurde zunächst in den Körper verdrängt. Wenn dieses Fass fast voll ist, kann eine Kleinigkeit genügen, ein letzter Tropfen, der es buchstäblich zum Überlaufen bringt. Dann explodiert die Bombe. Um im Bild zu bleiben, kann man sagen, diese Energie explodiert wiederum zurück, in die Seele hinein, und führt dort zu verbaler oder gar körperlicher Gewalt.

Mitbewohner von Menschen mit einer epileptischen Konstitution berichten häufig, dass sie einen Anfall schon seit längerem haben kommen sehen.

Schon vor einem Anfall ist es so, dass Jan weniger ansprechbar ist. Er sagt weniger, nimmt weniger an Gesprächen teil und macht einen mürrischeren Eindruck. Und dann kann er plötzlich, wenn ihm irgendetwas nicht passt, wahnsinnig wütend werden. Dann läuft er herum, schimpft und knallt Türen zu. Uns wird zumeist erst dann klar, was los ist. Wir gehen nicht auf seine Wut ein, sondern lassen ihn eine Weile in Frieden. Dann versuchen wir ihn zu beruhigen. Die letzten paar Male ließ er es zu. Wir wissen allmählich alle, wie der Ablauf ist. So bekommt diese Wut keinen moralischen Beigeschmack, worüber wir alle froh sind. Nach dem Anfall ist er wieder viel angenehmer im Umgang!

Dies ist ein Charakteristikum bei solchen Anfällen: Hinterher fühlen sich die Betroffenen viel wohler als zuvor. Die Luft ist wieder gereinigt, wie nach einem Gewitter.

Schließlich gibt es noch den echten epileptischen Anfall. Hier müssen verschiedene Ursachen unterschieden werden. Solche Anfälle können Symptome kleiner Verletzungen im Hirngewebe sein. Dabei kann es sich um Narben handeln oder auch um größere Abweichungen, wie zum Beispiel einen Tumor. Man findet dann solche Abweichungen bei Untersuchungen mithilfe eines EEGs (Elektroenzephalogramms) oder eines MRI-Scans (Magnetic Resonance Imaging, Magnetresonanztomographie). Bei Menschen ohne nachweisbaren Befund kann der Anfall eine Möglichkeit darstellen, die Stauung abzubauen. Dann kommt es zu einem Krampfanfall, bei dem jemand auf den Boden fällt, Muskelzuckungen zeigt und (teilweise) außer Bewusstsein ist. Auch hier gilt, dass nach dem Anfall eine größere Entspannung gegeben ist, der Betreffende fühlt sich dann wieder ›wohler in seiner Haut‹.

Beim Umgang mit dieser Konstitution ist es hilfreich, zu bestimmen, welche Erfahrungen für die Entstehung der Stauung verantwortlich sind. Sind es Emotionen? Wenn ja, welche sind es in erster Linie? Handelt es sich dabei um Verletztheit, das Gefühl, zurückgewiesen zu werden? Geht es um sexuelle Energien? Um Wut?

Wenn das Thema bekannt ist, ist es möglich zu versuchen, besser mit den Stauungen umzugehen und früher zu erkennen, wann sie sich aufbauen.

Eine konkrete Maßnahme, Stauungen abzubauen, ist das Schwitzen. Dies kann durch starke körperliche Anspannung, wie zum Beispiel Joggen, Rennen oder Brennholzspalten, geschehen. Dabei wird die Stauung physiologisch abgebaut.

Zweipoligkeit

Die bipolare Störung ist als Krankheitsbild allgemein bekannt. Früher wurde jemand mit einer bipolaren Störung als manisch-depressiv bezeichnet. Später wurde diese Bezeichnung durch den Terminus »bipolare Störung« ersetzt. Charakteristisch dafür ist das Muster, dass sich depressive Perioden mit manischen abwechseln. In der einen Situation ist die Stimmung depressiv, gedrückt. Es herrscht wenig Initiative, irgendetwas zu unternehmen. Das Denken dreht sich im Kreis und verläuft verzögert. Die Betreffenden verlieren den Appetit und sie frieren eher. Auch ihre Lebensenergie ist reduziert, man fühlt sich eher müde. Alle Körperprozesse werden gebremst.

Dies wechselt sich ab mit Perioden, in denen alles just beschleunigt wird. Die Stimmung ist dann fröhlich und ausgelassen, ein reicher Gedankenstrom fließt. Auch gibt es viele Impulse, die sofort ausgeführt werden müssen. Aber es besteht auch die Schwierigkeit, die so begonnenen Dinge zu Ende zu führen, denn schon wieder meldet sich ein neuer Impuls. Dies kann zur Erschöpfung führen, worauf möglicherweise schon die nächste Depressionsperiode folgt.

In dieser Beschreibung handelt es sich um ein psychiatrisches Krankheitsbild. Doch kennen wir durchaus viele Menschen, die diese Neigung zum Rennen und Innehalten, in viel geringerem Maß allerdings, zeigen. Dann handelt es sich nicht um ein Krankheitsbild, sondern um eine konstitutionelle Einseitigkeit.

Man muss sich das so vorstellen: Normalerweise steht ein Strom von Energie, der aus dem Körper heraus kommt, der Seele zur Verfügung. Dieser steht dann für unser Denken, Fühlen und Handeln zur Verfügung. Dieser Strom hat seinen Ursprung in der Leber. Wenn es ein gesunder Strom ist, ist er relativ konstant mit einem Rhythmus, der sich im Tagesverlauf ändert. Im Falle der Bipolarität wird dieser Strom einseitig und gerät aus dem Gleichgewicht. Manchmal wird die

Energie zu dickflüssig und zu träge, in anderen Momenten zu stark, zu brausend.

Wenn die Energie zu dickflüssig und träge wird, entsteht die Phase der Trübseligkeit und Schwere, die Neigung zum Depressiven. Wenn der Strom zu brausend und zu stark wird, entsteht die Neigung zu Betriebsamkeit und Überaktivität, also zum manischen Pol. Wenn diese Phase zu lang andauert, kann dies zu Erschöpfung führen, da zu viel Energie verbraucht wird. Durch den Mangel an Energie entsteht nach einiger Zeit wiederum das Gegenteil: die Schwere.

Manchmal habe ich bei Menschen mit der Neigung zur Bipolarität das Gefühl, dass ihre eigentliche Neigung die zur Schwere und zum Depressiven ist. Wenn sie diese unbewusst nahen fühlen, führt dies zu einem gleichfalls unbewussten Versuch, das überzukompensieren. Dann verfallen sie krampfhaft in die entgegengesetzte Verhaltensweise und werden aufgeregt und überfröhlich. Nach einiger Zeit gelingt es ihnen nicht mehr, dies aufrechtzuerhalten, woraufhin die tatsächliche Stimmung in Form einer Depression zu schlägt.

In der Bipolarität begegnet das Ich einem unausgeglichenen Energiestrom. Der Körper bietet einmal zu viel, dann wieder zu wenig Energie an. Dies verlangt vom Ich, sich dieses Prinzips bewusst zu werden und daraufhin damit leben zu lernen. »Damit leben« bedeutet hier: sich bewusst zu sein, wie die Energiezufuhr in einem bestimmten Moment beschaffen ist. In dem Zeitraum, in dem zu viel Energie angeboten wird, ist es notwendig, den Strom einzudämmen, sodass etwas davon übrig bleibt für die Periode der Trägheit und des Mangels. Das ist häufig sehr schwierig, weil sich der Zustand des ›Energieüberschusses‹ doch so angenehm anfühlt.

In meiner mehr manischen Periode fühle ich mich endlich eine Weile lang angenehm. Ich habe keine Probleme mit Hemmungen und bin sehr unternehmenslustig. Es ist mir, als könnte ich die

Welt aus den Angeln heben. Meine Kontakte laufen viel besser, und meine Arbeit fällt mir viel leichter. Ich habe dann zwar eine vage Vermutung, dass das nicht ganz stimmt. Menschen fragen mich dann eine Spur zu nachdrücklich, wie es mir geht. Häufig verfalle ich nach einer solchen Periode in eine depressive Stimmung. Ich finde es sehr schwierig, mich nicht von diesen Perioden beeinflussen zu lassen. Es fühlt sich an, als würde ich etwas opfern, das ich sehr schön finde. Doch langfristig weiß ich eigentlich, dass kein Weg daran vorbeiführt. Das Zurückhalten der Betriebsamkeit scheint mir, genau betrachtet, leichter als das Im-Griff-Behalten der düsteren Periode. Ich glaube, dass das eine nicht ohne das andere funktioniert!

Es geht auch hier darum, sich klarzumachen, dass man nicht im eigentlichen Sinne ›krank‹ ist; vielmehr wirkt aus dem Körper eine Disharmonie bis in die Seele hinein. Sie ist ein störendes Element. Häufig werden in der aktiven, betriebsamen Phase Erwartungen geweckt, die dann in der düsteren Phase wie ein Druck erlebt werden. Später müssen diese Dinge wieder korrigiert werden.

Die Herausforderung für das Ich besteht darin, sich zu verdeutlichen, was an Energie in die Seele einströmt, um dem dann bewusst etwas entgegenzusetzen.

Ich versuche täglich, mir eine kurze Notiz in meinem Terminkalender zu machen, wie es mit meiner Energie an diesem Tag gelaufen ist. Ich habe dafür eine Art Fünf-Punkte-Schema entwickelt: Depressiv (1) – schwer (2) – Mittelzustand (3) – hektisch (4) – manisch (5). Es ist eine kleine Stütze, um die Fluktuationen meines Gemütszustandes bewusst zu verfolgen. Wenn ich etwas zu lange in einer bestimmten Phase stecke, weiß ich, dass ich kompensieren muss. Wenn ich mich sehr hektisch fühle, gehe ich daran, mein Haus noch einmal extra und mit Aufmerksamkeit zu

*putzen. Wenn ich mich schwer fühle, schenke ich mir selbst noch
zusätzlichen Raum, um mich mit einem schönen Kinderbuch auf
eine Bank zu setzen, dazu eine Kanne Tee. Das sind alles Dinge,
die mir helfen.*

*Seit ich darauf achte, weiß ich auch besser, wie es ist, in der ›Mitte‹
zu sein. Zunächst wusste ich vor allem, wie ich nicht sein muss,
jetzt weiß ich auch, wohin ich wieder zurückkehren muss, wenn
ich zu weit über das Ziel hinausgeschossen bin.*

Persönlichkeitsstörungen

In diesem Kapitel wollen wir uns noch weiter mit dem Bereich der Anlagen beschäftigen, und zwar hier mit der Frage der Persönlichkeitsstörungen. Eine Persönlichkeitsstörung ist eine angeborene oder früh erworbene Störung innerhalb der Persönlichkeit, die dominant anwesend ist und das Verhalten eines Menschen weitgehend unfrei macht. Die Einseitigkeit der Persönlichkeit ist so stark, dass nur wenig Raum für das Selbstbewusstsein vorhanden ist. Und selbst wenn ein gewisses Maß von Selbsterkenntnis vorhanden ist, bedeutet es für das Ich immer noch Schwerstarbeit, steuernd einzugreifen.

Was fällt unter den Begriff der Persönlichkeitsstörung? In der Psychiatrie werden zehn unterschiedliche Persönlichkeitsstörungen unterschieden. Wir nennen hier nur vier von ihnen:

1. die abhängige Persönlichkeitsstörung
2. die vermeidende Persönlichkeitsstörung
3. die zwanghafte Persönlichkeitsstörung
4. die Borderline-Krankheiten.

1. Die abhängige Persönlichkeitsstörung

Jemandem mit einer abhängigen Persönlichkeitsstörung fehlt die Kraft des Ich als derjenigen Instanz, die den Überblick behält und steuernd eingreift. Ein gesundes Ich ist in der Lage, Standpunkte einzunehmen und Entschlüsse zu fassen. Diese Fähigkeit ist bei einem Menschen mit einer abhängigen Persönlichkeitsstörung gestört. Dadurch hat er wenig Selbstvertrauen. Eine derartige Situation kann beispielsweise durch eine übertrieben beschützende Erziehung entstehen oder weil jemand einen besonders selbstsicheren Bruder oder Schwester über sich hatte, gegen den oder die er sich nicht durchsetzen konnte. Die gesunde Ich-Entwicklung ist gebremst.

Dieser Zustand lässt sich sehr schwer aushalten, die Betreffenden sind häufig ängstlich. Um dies zu vermeiden, suchen sie unbewusst zur Kompensation nach einer Art von Notlösung: einer Möglichkeit, abhängig sein zu können. Sie gehen auf die Suche nach einem anderen Menschen, der kraftvoll neben ihnen stehen kann und der für sie die Entscheidungen trifft, die zu treffen sie selbst nicht in der Lage sind. So entsteht eine ungleichwertige Beziehung. Der Starke steht vorn und trifft die Entscheidungen. Er bestimmt den Kurs des Lebens. Der Abhängige dagegen folgt ihm und sorgt mit Nachdruck dafür, dass er diese Position aufrechterhalten kann. Wenn eine solche Beziehung zerbricht – und die Möglichkeit, dass dies geschieht, ist relativ groß –, wird er bald erneut auf die Suche nach jemandem gehen, der diese Funktion erfüllen kann. Konflikte möchte er tunlichst vermeiden. Denn ein Konflikt führt rasch zu der Bedrohung, den anderen zu verlieren – und damit die so notwendige Stütze! Und wenn diese Stütze wegfällt, stürzt die eigene Welt in sich zusammen.

Das Setzen der eigenen Grenzen ist eine Qualität des Ich. Dann entsteht ein eigener Lebensraum innerhalb dieser Grenzen. Doch wenn ein solches ›Eigenleben‹ nicht geführt werden kann, ist es gefährlich, solche Grenzen zu ziehen. Darum lassen Menschen mit einer abhängigen Persönlichkeitsstörung gern andere über ihre Grenzen hinweggehen. Das Treffen von Entscheidungen und das Einnehmen eines eigenen Standpunkts fällt ihnen dann außerordentlich schwer.

Wenn ich neue Kleider kaufen muss, gerate ich durcheinander. Ob mir dieser Pullover wohl steht? Was werden die anderen davon denken? Ist er nicht zu groß oder zu klein? Diese Verwirrung führt

meistens dazu, dass ich den Laden wieder verlasse, ohne etwas ge-
kauft zu haben. Wenn meine Frau mir hilft, komme ich jedoch
ganz gut zurecht. Meistens kauft sie meine Kleider sogar ohne
mich. Das erspart uns eine Menge Theater.

Die Zweifel angesichts solcher Entscheidungen werden viele Leser wiedererkennen, doch bei einem Menschen mit einer Persönlichkeitsstörung nehmen sie einen wirklich zwingenden und allgemeinen Charakter an. Dann beginnen sie auf allen Gebieten des täglichen Lebens eine bestimmende Rolle zu spielen. Die eigentliche Individualität als solche tritt immer mehr in den Hintergrund.

Das soziale Leben ist häufig eine Bedrohung. Es durchdringen sich dort viele emotionale Vorgänge, was dann auch menschliche Kontakte rasch zu einer Bedrohung macht. Darum werden sich solche Menschen auch eher im Hintergrund halten und hinter anderen verstecken. Manchen gelingt es sehr gut, eine Fassade aufzubauen, indem sie zum Beispiel ein nettes und geselliges Verhalten an den Tag legen. Versucht man, dies zu durchdringen und zu einem persönlicheren Kontakt zu gelangen, gerät man rasch in das Gebiet der Angst. Ein solcher Mensch wird nicht so schnell sein wahres Gesicht zeigen wollen.

Die vielen Bedrohungen des Lebens erfordern viel Energie und rufen vielerlei Spannungen hervor. Dadurch sind solche Menschen eher als andere mit den Nerven am Ende. Sie haben außerdem ein erhöhtes Risiko, depressiv zu werden.

2. Die vermeidende Persönlichkeitsstörung

Auch bei der vermeidenden Persönlichkeitsstörung haben wir es mit einer verzögerten, gebremsten Ich-Entwicklung und mit Angst zu tun. Die Lösung wird jetzt in der anderen Ecke gefunden: dem Vermeiden schwieriger Situationen. Und weil es im Leben sehr viele schwierige Situationen gibt, kann es sein, dass solche Menschen sich weitgehend vom Leben zurückziehen. Kontakte mit anderen treten in den Hintergrund. Die Betreffenden äußern ihre Meinung nicht und werden mehr und mehr zu einer »grauen Maus«. In Arbeitssituationen fällt ihnen das Übernehmen von Verantwortung schwer. Sie werden lieber erteilte Aufträge ausführen, als selbst Initiativen zu ergreifen.

Es lässt sich keine scharfe Trennlinie zwischen den unterschiedlichen Persönlichkeitsstörung ziehen. So überschneiden sich die abhängige und die vermeidende Persönlichkeit zum Teil.

3. Die zwanghafte Persönlichkeitsstörung

In der Psychiatrie spricht man heute von der *obsessiv-kompulsiven Persönlichkeitsstörung*. Der Einfachheit halber wähle ich hier den Ausdruck ›zwanghafte Persönlichkeitsstörung‹, wie man ihn früher benutzte.

Das Selbstwertgefühl und das Selbstvertrauen sind gestört. Das Überblicken einer Ganzheit ist schwierig, und dadurch existiert nur ein schwaches Vertrauen darauf, dass alles gut gehen wird. Solche Menschen sind sehr stark in Details verliebt. Sie versuchen, alles möglichst perfekt zu erledigen, um sich schon im Voraus gegen Fehler abzusichern. Das führt dazu, dass sie viele Pläne und Listen anlegen. Das Planen einer Aufgabe kann mehr Zeit in Anspruch nehmen als das Ausführen der Sache selbst. Und als besonders schwierig gestaltet es sich dann, das durchzuführen oder zu Ende zu bringen, was man sich zu tun vorgenommen hat. Denn wenn die Sache fertig ist, muss sie auch gut sein. Auf dem Weg dahin kann man noch das Gefühl haben, dass man Dinge, die noch nicht ganz perfekt sind, verbessern kann; doch wenn die Sache fertig ist, ist das nicht mehr möglich.

Regeln und Normen sind eine Hilfe, weil sie dort einen äußeren

Maßstab abgeben, wo ein innerer nicht ausreichend vorhanden ist. Das Verlassen gebahnter Wege wird zu einer Bedrohung. Das führt dazu, dass solche Menschen recht rigide in ihrem Auftreten werden, und es sorgt dafür, dass sie großen Wert auf Regeln legen.

Das Delegieren an andere ist ebenfalls schwierig. Wie soll man wissen, ob ein anderer die Sache nach den eigenen, gleichen Maßstäben auszuführen vermag? Und wenn er es auf seine eigene Art und Weise tut, ist man wiederum abhängig von ihm. Das Entsorgen von Gegenständen zum Beispiel, auch wenn sie alt und verschlissen sind, gestaltet sich als schwierig. Man weiß ja nie, ob man sie noch einmal brauchen wird ...

Meine Frau hebt alles auf. Sie hat zu Hause große Stapel von alten Zeitungen und Illustrierten. Ganze Wände nehmen sie ein. Sie will sie nicht wegwerfen, denn sie hat noch nicht alles gelesen. Und immer glaubt sie, dass sie die Zeitschriften noch gut gebrauchen kann, zum Beispiel für einen Aufsatz unserer Kinder oder für sich selbst. Und wenn sie dann schließlich etwas weggeworfen hat, werden Sie sehen, dass sie eine Woche später genau diese Zeitschrift benötigt. Und dann ist der Jammer groß.

Manches kann zu zwanghaften Handlungen führen. Diese Zwangshandlungen haben das Ziel, bestimmte Gefahren zu bannen. Meistens ist diese Gefahr eine übertrieben persönlich erlebte, die in Wirklichkeit nur klein ist. In der Vorstellung jedoch ist sie sehr vereinnahmend anwesend, und die Zwangshandlung soll dieser Gefahr zuvorkommen. Die obsessiv erlebte Gefahr eines Feuers oder Brandes kann beispielsweise zum zwanghaften Kontrolldrang führen, nachzusehen, ob der Gashahn auch wirklich zugedreht ist.

Wenn ich zur Tür hinausgehe, muss ich immer kontrollieren, ob ich das Gas auch wirklich abgedreht habe. Gehe ich dann weg, beginne ich wieder zu zweifeln, und ich kehre noch einmal zurück. So kann es sein, dass ich bis zu fünfmal nachschaue. Und obwohl ich jedes Mal sehe, dass das Gas abgestellt ist, bleibe ich doch weiterhin unruhig.

Das Abschließen der Haustür oder des Autos sind andere bekannte Beispiele für zwanghaften Kontrolldrang.

Auch hier gilt: Bei einer Persönlichkeitsstörung nimmt ein häufig vorkommendes Verhalten einen zwingenden Charakter an. Und es macht den oder die Betreffenden unfrei.

4. Die Borderline-Krankheiten

Schließlich gibt es noch die Borderline-Störungen. Hierbei handelt es sich um ein stark wechselndes Verhalten, bei dem jemand in einem Moment sehr freundlich sein kann und im nächsten wie ein Halm im Wind in ein vorwurfsvolles und streitsüchtiges Verhalten verfallen kann. Borderliner haben häufig nur eine geringe Selbstbeherrschung und können dadurch leicht Grenzen überschreiten, zum Beispiel auf dem Gebiet des riskanten Autofahrens oder im Umgang mit Geld oder Sexualität. Es herrscht wenig Kontinuität und Vorhersagbarkeit im Verhalten. Solche Menschen sind für sich und auch für ihre Umgebung stark unberechenbar. Ein gutes Beispiel für jemanden mit einer Borderline-Störung sah ich einmal in einem Film, in dem eine junge Frau auftritt, die sich im Verlauf der Handlung bis hin zum dramatischen Finale immer mehr in ihre Anlage verstrickt. So weit kommt es zum Glück meistens nicht.

Es gibt noch weitere Persönlichkeitsstörungen, doch im Rahmen dieses Buches sind die geschilderten die wichtigsten. Die Krankheitsbilder überschneiden sich zudem teilweise. So kann jemand mit einer abhängigen Persönlichkeitsstörung auch zwanghafte Züge zeigen. Es handelt sich hier deswegen auch nicht um die Frage der richtigen Benennung, sondern um das Erkennen der Problematik, mit der jemand in seinem Leben zu kämpfen hat, sodass sie dadurch für den Betreffenden zu einem wichtigen Lebensthema wird.

Auch in diesem Zusammenhang gilt wieder, dass Menschen mit einer Persönlichkeitsstörung eine Behinderung haben. Wenn sie diese erkennen und akzeptieren können, ist bereits ein erster wichtiger Schritt gemacht. Es ist auch gut, sich klarzumachen, dass Menschen in unserer Umgebung, die an einer Persönlichkeitsstörung leiden, tatsächlich ein Handicap haben, das ihr Leben stark bestimmt. Es ist für sie eine echte Aufgabe, damit umzugehen. Wenn sie aufgrund dessen von ihrer Umgebung verurteilt werden, kommt für sie ein zweites Problem hinzu. Denn wie verhält man sich im Hinblick auf solche Menschen? Wie können wir Respekt vor ihnen haben und etwas ergänzen, das sie nicht besitzen? Wie können wir es ihnen ermöglichen, kleine Veränderungsschritte zu gehen, ohne ihnen zu große Schritte abzuverlangen, die sie doch nicht ausführen können?

Es gibt noch weitere, teils äußerst unangenehme Störungen im Bereich der Veranlagung, wie zum Beispiel ADHS oder Autismus. Diese Störungen treten nicht immer als wirkliche Krankheit, sondern bisweilen auch in leichteren Erscheinungsformen auf. Auch hier ist es eine Herausforderung, sie erkennen und beherrschen zu lernen.

Wie kommen wir nun dahinter, welche Art von Veranlagung wir haben?

Dies erfordert in erster Linie ein objektives Wahrnehmen. Wir betrachten dann die einseitigen Muster, die wir bei uns erkennen können, Themen, die immer wiederkehren. Und außerdem können wir auf das hören, was andere uns sagen oder uns gesagt haben. Was berichten sie über unsere Einseitigkeiten und die Züge an uns, mit denen sie Probleme haben? Häufig wird dies wie Kritik oder Vorwürfe klingen. Doch wenn es uns gelingt, sie auszuhalten und mit anderen gemeinsam genauer zu betrachten, können wir wiederum zu einer gewissen Objektivität gelangen, in der sich mehr von unseren Anlagen offenbart.

Wir können auch die Grenzen genauer betrachten, an die wir immer wieder stoßen. Auch in ihnen verbergen sich wichtige Signale.

Wenn wir derartige Muster zu erkennen beginnen, können wir uns durch entsprechende Fachliteratur oder über das Internet weiter kundig machen.

Konstitution und Seele

Bei den Faktoren, die uns störend im Wege stehen können, wenn wir zu einem guten, geregelten ›Haushalt‹ gelangen wollen, kann unterschieden werden zwischen den Faktoren, die aus der Seele stammen, und denen, die ihre Grundlage in der Konstitution haben. Der Unterschied besteht in Folgendem: Dinge in der Seele sind in diesem Leben entstanden, sie hängen mit mangelnden Fähigkeiten zusammen, die noch vertieft werden können. Wirkungen aus der Konstitution dagegen stammen aus einer tieferen Schicht, aus einer früheren Verkörperung. Sie erfordern darum viel größere Anstrengungen, wenn man an sie herankommen will.

Einige Beispiele:

Jemand kommt nicht auf den Gedanken, dass es möglich ist, beim Aufräumen Kategorien festzulegen, in welche man die Dinge einordnen kann und aufgrund derer man sie dann ordnet. Offeriert man einem solchen Menschen diesen Vorschlag, so entsteht ein Raum, die Dinge anzugehen, was dann auch meistens geschieht. Dieses Beispiel deutet auf eine Lücke in der Seele hin, die gefüllt wird, wenn eine bestimmte Erkenntnis gebildet wird.

Ein anderer Mensch kann sich nicht von seinen Sachen trennen. Er versucht es immer wieder aufs Neue, doch trotz der Hilfe Außenstehender verheddert er sich immer wieder in derselben Problematik. Er sieht zwar, wie die Dinge miteinander zusammenhängen, doch er kann sie nicht ändern.

Hier sehen wir eine Einseitigkeit, die auf der Ebene der Konstitution wirksam ist: hartnäckig, es ist schwer an sie heranzukommen und sie zu verbessern, trotz der vorhandenen Erkenntnis.

Aspekte auf der *Seelenebene* können durch Erkenntnis, Entwicklung von Fähigkeiten und mit einem gewissen Durchsetzungsvermögen beeinflusst und verändert werden.

Veränderungen in der *Konstitution* zu erreichen, erfordert viel mehr Zeit und Durchsetzungsfähigkeit. Hier können die Konstitutionsübungen helfen, wie sie Rudolf Steiner in seinem Vortrag »Nervosität und Ichheit« (*Erfahrungen des Übersinnlichen*. GA 143. Dornach 1994. S. 9 ff.) beschrieben hat; hier insbesondere die Übung zur Veränderung der Handschrift, die »Einprägeübung« und die Übung zur Änderung von Gewohnheiten.

Zwei Leben

Wir alle besitzen eine Konstitution. Manchmal fallen dabei die Kräfte, die mit dem Temperament zusammenhängen, besonders auf, manchmal aber auch ein Konstitutionstyp, wie hysterisch, neurasthenisch oder gestaut. Und manchmal überwiegen Eigenschaften, die in extremen Formen im vorigen Kapitel über die Persönlichkeitsstörungen beschrieben wurden. Die Konstitution ist sozusagen das Gepäck, das wir aus der Vergangenheit mit uns herumtragen. Das kann die Vergangenheit dieses jetzigen, aber auch die eines früheren Lebens sein. Auf der einen Seite können dies helfende Faktoren sein, doch manchmal kann es sich wie ein Mühlstein anfühlen, der uns ans Bein gebunden ist, Qualitäten, die dazu führen, dass wir immer gegen uns selbst oder unsere Umgebung revoltieren. Dann ist es angebracht, die Aufmerksamkeit darauf zu konzentrieren und zu lernen, mit ihnen umzugehen.

Wir können unser Leben so betrachten, dass es zwei unterschiedliche Lebensläufe gibt, die ineinander spielen. Wir führen gewissermaßen zwei Leben. Das eine ist das sichtbare Leben, in dem wir in der Welt handeln und auf alles, was wir erleben und worüber wir uns Gefühle und Gedanken bilden, reagieren. Das andere ist jenes Leben, das unser Ich von innen her führt. Dort begegnen wir den eigenen Talenten und Handicaps. Dort werden wir immer mit uns selbst konfrontiert. Unsere Innenwelt reagiert auf das, was wir in der Außenwelt durchmachen. Das Ich begegnet in der Seele zunächst der eigenen *Reaktion* auf ein Ereignis und erst dann dem Ereignis selbst, wie es objektiv stattgefunden hat. Das Ich muss sich sozusagen erst durch die innere Reaktion hindurcharbeiten, um zur Objektivität zu gelangen. So begegnet das Ich beispielsweise in der Innenwelt zunächst dem Gefühl der Verletzung und erst dann der eigentlichen Botschaft. Zuerst werden wir mit uns selbst konfrontiert, dann erst mit dem anderen.

In diesen inneren Reaktionen spielt die Konstitution häufig eine große Rolle. Ein Melancholiker wägt die Eindrücke anders ab als ein Sanguiniker. Eine hysterische Konstitution führt zu einer anderen Reaktion als eine neurasthenische. All diese Faktoren färben dasjenige, was das Ich an der Welt erlebt.

Es ist sinnvoll, diese beiden Leben deutlich voneinander zu unterscheiden. Das eine erfordert eine Wachheit in Bezug auf die Umgebung. Das andere fordert Wachheit und Bewusstsein für die typischen Merkmale, denen wir in uns selbst begegnen. Häufig sind das sogar Karikaturen unserer selbst. Denn die echte innere Entwicklung findet in der Innenwelt statt. Dort begegnet die große Seele der kleinen Seele (siehe Kapitel »Das Ich«, S. 47 f.), und dort liegen auch die Möglichkeiten, die Kräfte der kleinen Seele zu zähmen und vielleicht sogar umzuwandeln.

In dieser Entwicklung spielt die Begegnung mit der eigenen Konstitution eine große Rolle. Darum ist das Erkennen von Einseitigkeiten besonders hilfreich.

Zwei Leben

Zwei Leben führen wir,
ein Leben im Stoff,
unser Körper als Vermittler,
handelnd in der Welt,
um Neues zu schaffen.

Das zweite Leben
führt unser Ich
in der Seele,
worin das Echo von früher
regiert im Jetzt.

Bringe Ordnung dort hinein,
reinige sie
nach den Maßstäben
des Geistes.

Probleme und die Urteile über Probleme

Oft erlebe ich in meiner Arbeit, dass Menschen mit Problemen zu mir kommen, in denen sie sich festgefahren haben. Was mir dabei allmählich immer häufiger auffiel, ist, dass es sich dabei um eine ganze Anhäufung von Problemen handelt. Die erste Schicht ist die *eigentliche Problematik* als solche. Hierbei kann es sich um einen Konflikt in einer Beziehung, eine körperliche Beschwerde, eine Konstitutionsfrage oder Probleme am Arbeitsplatz handeln.

Die zweite Schicht ist das *Urteil*, das jemand in Bezug auf sich selbst fällt, weil er ein ganz bestimmtes Problem hat. Dabei spielt die Scham eine große Rolle. Sie äußert sich in Urteilen wie: »Jetzt bin ich doch schon so alt, und immer noch kann ich dies und das nicht ...« Oder: »Ich müsste so etwas doch eigentlich selber aushalten oder lösen können.« Dass wir uns über etwas scheinbar so ›Unwichtiges‹ aufregen, ist ebenfalls so ein Urteil.

Dieses Urteil über das Hindernis, das wir erleben, legt sich wie eine harte Schale um das eigentliche Problem selbst herum. Diese Schale sagt: »Du bist nicht gut, du bist dumm und du versagst.« Sie möchten aber nicht versagen oder dumm sein, also besteht Ihre Reaktion darin, diese leise Stimme zu überhören und sich abzulenken. So wird die ursprüngliche Frage unerreichbar, sie bleibt unbearbeitet liegen. Jedes Mal, wenn Sie mit ihr konfrontiert werden, tut es wiederum weh. Im Innern reagiert das Gefühl des Unvermögens, des Versagens; das Urteil erklingt und es folgt eine Fluchtreaktion.

Die dritte Schicht ist die des *kompensierenden Verhaltens*. Um der Verletzung durch das Problem auf der ersten Schicht zuvorzukommen, muss ein Verhalten gebildet werden, mit dessen Hilfe wir diese Verwundungen vermeiden.

Dieser so aufgebaute Berg ruft danach, allmählich wieder abgebaut zu werden. Das Kompensations- oder Vermeidungsverhalten muss erkannt werden. Die Scham muss überwunden werden und einem echten, grundsätzlichen Interesse Platz machen. Erst dann kann das eigentliche Problem ins Auge gefasst und akzeptiert werden. Und erst dann kann an der Lösung dieses Problems gearbeitet werden.

Loslassen

Ein Thema, mit dem viele Menschen kämpfen, ist das des Loslassens. Ich erlebe es bei meiner Arbeit häufig, dass Menschen damit Probleme haben.

Häufig bin ich abends, wenn ich ins Bett gehe, sehr müde. Ich freue mich darauf, dass ich bald schlafen kann. Doch wenn ich dann endlich glücklich im Bett liege, werde ich plötzlich wieder hellwach und alles, was ich an diesem Tag erlebt habe, beginnt sich mir im Kopf zu drehen. Dann habe ich große Schwierigkeiten, den Tag innerlich loszulassen ...

Ich fühle mich so verantwortlich für meine Kinder. Auch wenn sie in der Schule sind oder wenn ich einkaufe, während ein Babysitter bei uns ist, spüre ich das Gewicht dieser Verantwortung auf meinen Schultern. Dann würde ich viel darum geben, loslassen zu können!

Andere kennen so etwas in Bezug auf Dinge, die sie an ihrem Arbeitsplatz erleben. Nicht loslassen zu können ist ein Problem, das heute in großem Stil auftritt. Es ist ein Zeitproblem, das auch damit zusammenhängt, dass wir erfolgreich sein wollen. Es liegt aber auch daran, dass wir immer individueller eingestellt sind. Wir leben weniger in einer Art von Gemeinschaft, in der früher selbstverständlich Verantwortung miteinander geteilt wurde.

Allmählich bemerkte ich, dass ich mit dem Begriff des »Loslassens« nicht sehr glücklich war. Stellen Sie sich einmal vor, Sie halten etwas in der Hand und lassen es dann los. Was geschieht jetzt? Es fällt auf den Boden. Und dort liegt es dann, zerbrochen oder zerbeult. Sie haben es buchstäblich aus der Hand gegeben, es ist außer Kontrolle und außerhalb Ihrer Verantwortung, aber auch aus der Verantwortung anderer. Niemand übernimmt diese von Ihnen. So entsteht Müll. Loslassen ist deswegen eigentlich auch eine ziemlich passive Handlung. Viele Menschen erleben dies auch so: Wenn ich meine Verantwortung loslasse und aus der Hand gebe, was geschieht dann damit? Dies gilt insbesondere für Menschen, die sich besonders stark für etwas verantwortlich fühlen.

Dennoch möchten sie die Verantwortung nicht loswerden, was häufig auch gesund ist. Doch was können Sie tun, wenn Sie sie nicht loszulassen brauchen? Sie können nach einem anderen Begriff suchen, der besser dazu passt. Sie können sich fragen: Was kann ich mit der Verantwortung anfangen, die ich spüre? Kann ich sie vorübergehend irgendwo ›deponieren‹? Kann ich sie einem anderen übertragen? Und wenn ja, wem?

Die Dinge ergreifen

Kehren wir noch einmal kurz zu dem Beispiel des Mannes zurück, der abends am Ende des Tages nicht loslassen konnte. Er nahm sich vor, vor dem Schlafengehen die Dinge, die ihm vom vergangenen Tag durch den Kopf gingen und die Aufgaben, die am nächsten Tag auf ihn zukämen, konzentriert zu betrachten. Dabei musste er sehr aufpassen, dass er die Dinge, die er loslassen wollte, zunächst gut ergriff. Er musste sie bewusst betrachten und die ganze Verantwortung für sie auf sich nehmen. Es zeigte sich, dass es viele Dinge gab, mit denen er sich eigentlich nicht konfrontieren wollte. Dinge, die er schwierig oder bedrohlich fand, wollte er am liebsten so schnell wie möglich vergessen. Also verdrängte er sie, indem er sich mit etwas anderem beschäftigte. Tagsüber gelang ihm dieses Verdrängen ganz gut. Doch abends, wenn er müde war und sich hinlegte, stiegen genau diese Dinge wieder auf und zogen ihm durch den Kopf. Da half es ihm, sich ein klares Bild des verdrängten Problems zu machen. Danach musste er eine Entscheidung in Bezug darauf treffen, was und wann er etwas damit tun wollte. Das bedeutete manchmal den Entschluss, jemandem die Frage zu stellen, ihm zu helfen, weil er nicht genügend Sachkenntnis besaß. Manchmal bedeutete es auch, dass er die Dinge, die er emotional schwierig fand, zunächst mit jemandem teilen musste. Wenn er sich an diese Entscheidungen hielt, gelang ihm das Loslassen besser. Und dies wiederum war möglich, weil er das Problem zunächst in die Hand genommen hatte.

Wenn Sie in Bezug auf irgendetwas einen Entschluss gefasst haben und sich gewiss sind, dass Sie sich daran halten werden, dann legen Sie das Thema irgendwo ab und greifen Sie es später wieder auf. Das ist ein anderer Vorgang als das reine Loslassen!

Eine Entscheidung in Bezug auf irgendetwas zu treffen, kann auch bedeuten, dass Sie beschließen, über einen gewissen Zeitraum nicht darüber nachzudenken und mit sich selbst abzumachen, wann Sie eine Entscheidung treffen und wann nicht. Sie delegieren die Frage auf einen späteren Zeitpunkt. Wenn Sie wissen, dass daraus keine Probleme entstehen, kann Ihnen das ebenfalls Ruhe vermitteln.

Ich lief schon eine Woche mit der Frage herum, ob ich am kommenden Samstag zum Geburtstag meines Bruders gehen sollte. Ich hatte das Gefühl, dass ich eigentlich dorthin sollte, aber ich fühlte mich auch schon seit einiger Zeit sehr müde. Ich hatte Angst, dass ich wieder zu wenig schlafen würde, wenn ich hinginge. Dann würde ich noch müder werden.

Darum nahm ich mir vor, diese Entscheidung bis zum Samstag-
nachmittag zu vertagen. Dann würde ich gut beurteilen können,
wie es mir in diesem Moment ginge. Und das habe ich meinem
Bruder mitgeteilt. So bekam ich meine Ruhe wieder.

Wie gehen Sie mit einer Verantwortung um, die Sie als zu schwer erleben? Zum Beispiel die Verantwortung für Ihre Arbeit oder Ihre Kinder oder den Haushalt? Diese Verantwortung kann so schwer wiegen, dass sie Sie allmählich auslaugt, wie es beim Burnout-Syndrom der Fall ist. Das ist häufig ein kompliziertes Thema, weil sehr unterschiedliche Kräfte dabei mitspielen. Darum ist es wichtig, sich erst kurz klarzumachen, was da alles mitspielt.

Zunächst müssen Sie vor sich selbst zugeben, dass Sie die Verantwortung teilen oder jemandem übertragen wollen. Aber wollen Sie das auch wirklich? Oder brauchen Sie sie vielmehr, weil Sie die Wertschätzung, die mit ihr verbunden ist, nicht missen möchten? Oder empfinden Sie es als Niederlage, dass es Ihnen nicht gelingt, diese Verantwortung zu tragen? In diesen Fällen kommt es zu einem inneren Dilemma: Sie wollen mehr Ruhe. Dafür wäre es nötig, mehr Verantwortung abzugeben. Aber Sie wollen auch Anerkennung. Diese Anerkennung brauchen Sie, um das Gefühl eines Daseinsrechts zu haben. Wenn Sie dieses innere Dilemma nicht lösen, wird die Verwirrung weiterhin bestehen und Sie werden die Verantwortung behalten.

Ein weiterer Aspekt des Dilemmas zwischen Festhalten und Loslassen besteht darin, dass Sie manchmal mit etwas konfrontiert werden, wozu Sie überhaupt keine Lust haben. Der ›Teenager‹ in Ihnen meldet sich, und der hat überhaupt keinen Bock darauf. Also werden Sie zuerst diese Unlust überwinden müssen, eine Verantwortung zu übernehmen, einen Plan machen und dann schließlich in See stechen.

Übertragen

Aber nehmen wir einmal an, Sie entscheiden sich, die Verantwortung tatsächlich abzugeben. Dann können Sie sich auf die Suche nach jemandem oder etwas begeben, dem Sie sie übertragen können. Sind Sie also bereit, anderen eine Frage zu stellen oder ihnen das Vertrauen entgegenzubringen, dass sie es ebenfalls richtig machen werden, wenn auch auf ihre eigene Art und Weise?

> *Ich war überfordert mit Arbeit und Haushalt zugleich. Ich wurde immer müder und hatte genug davon, ständig eingespannt zu sein. Ich wollte auch einmal ganz einfach in einem Sessel sitzen, mit einem Buch auf dem Schoß. Ich wollte zwar meinen Partner bitten, ein paar Mal in der Woche zu kochen. An sich wäre der Raum dafür auch vorhanden gewesen. Doch sein Kochgeschmack war so gänzlich anders als meiner. Ich zum Beispiel machte die Küche nach dem Kochen immer sauber, er dagegen fabrizierte ein Riesendurcheinander. Das räumte er später zwar auf, und zwar ohne Widerwillen, aber dennoch ...*
> *Schließlich habe ich ihn doch gebeten. Er sagte Ja und hat das Kochen übernommen. Ich akzeptiere jetzt das Chaos und kann mich seitdem bequem hinsetzen, um die Zeitung zu lesen.*

Wenn es aber keinen Menschen gibt, dem wir etwas übertragen können? Was dann?

Für manche Menschen ist es dann eine Hilfe, Bilder aus ihrer geistigen Vorstellungswelt zu Hilfe zu nehmen. Für viele Menschen ist die Existenz eines Schutzengels, einer schützenden Energie oder Identität, und wenn es auch nur in Form von Gedanken ist, eine Möglichkeit. Für andere sind diese Dinge auch eine Wirklichkeit in ihrem Erleben. Es gibt viel mehr Menschen, als man glaubt, die Erfahrungen mit der geistigen Welt gemacht haben. Dies sind Menschen, die zum Beispiel Nahtod- oder Engelerfahrungen hatten, oder solche, die die Gegenwart verstorbener Angehöriger erleben. Sie erfahren die Gegenwart helfender Wesen. Man kann versuchen, diese Wesen auf eine aktive Weise in das eigene Leben einzubeziehen. Auch sie kann man bitten, Verantwortung zu übernehmen. Sie werden dann zwar nicht mit Worten bestätigen, dass sie dazu bereit sind, doch worum es geht, ist, dass Sie es ihnen übertragen. Wenn es sich um eine berechtigte Bitte handelt, können Sie auf sie vertrauen.

Ich fühlte mich immer für meine jüngere Schwester verantwortlich. Ich war die älteste Tochter in unserer Familie, und meine Mutter war kränklich und ist früh verstorben. Mein Vater stand plötzlich allein da und musste unser Ladengeschäft führen. So übernahm ich früh eine Mitverantwortung für meine kleine Schwester. Als ich über vierzig war, war sie bereits längst erwachsen und hatte Kinder. Dennoch blieb mein Verantwortungsgefühl für sie immer eine Barriere zwischen uns. Ich hätte natürlich mit ihr darüber sprechen können, aber sie hätte mich nur ausgelacht und mir gesagt, dass dies nicht mehr notwendig sei. Das half mir nicht weiter.
Daraufhin habe ich mir ein Ritual für mich selbst ausgedacht. Dabei wandte ich mich an ihren Engel und habe ihn gebeten, die Last von meinen Schultern zu nehmen und für sie zu sorgen. Ich stellte mir diesen Engel vor, wie er als liebevolle Gestalt mit ihrem Leben verbunden war. Ich stellte mir auch vor, wie er in der Vergangenheit immer bei ihr war. Ich habe die Verantwortung, die ich immer spürte, von meinen Schultern genommen und in eine Schale gelegt. Ich habe mich vor dem Engel verbeugt und ihm diese Schale übergeben. Und ich habe erlebt, dass er sie mir abnahm.
Da erst kam ich zur Ruhe.

abstand gewinnen –
übungen
zur schulung der
geistes-gegenwart

Einführung

Es ist eine große Herausforderung, das Ich zu stärken und auf diese Weise mehr Steuerkraft über die Prozesse zu gewinnen, die in unserer Seele stattfinden. Indem das Ich gestärkt wird, gewinnt es vertiefte Erkenntnisse in Bezug auf alles, was in unseren Gedanken, Gefühlen und Willensimpulsen geschieht. Und wenn das Ich einen gewissen Abstand zu diesen Prozessen einnimmt, kann es dort besser eingreifen. Es wird zu einer Art *Supervisor* oder *Manager* in der Seele.

Die Ich-Kraft kann durch Übungen trainiert werden. Damit erwecken wir mehr Geistes-Gegenwart in uns. Das bedeutet, dass der Geist, das Ich, mit Bewusstsein beteiligt ist an allem, was wir denken oder fühlen. Wir werden dann beispielsweise nicht mehr von Schmerz oder Kummer überwältigt, sondern wir *wissen* dann, dass und auch warum wir traurig sind. Und dann können wir beschließen, die Trauer zu akzeptieren und beispielsweise einen Trauerprozess aufgrund eines Verlustes zu beginnen. Oder wir entschließen uns, uns auszuweinen oder Hilfe in Anspruch zu nehmen. Unsere Gedanken gehen weniger mit uns durch, weil wir wissen, dass wir sie steuern können. Kurz: Wenn wir Geistes-Gegenwart pflegen, kann der Geist die Führung über die Seelenprozesse übernehmen.

Im Lauf des Lebens entsteht dieser größere Abstand des Ich hinsichtlich der Seele häufig von selbst. Ereignisse, die in der Jugend noch verwirrend wirken, erweisen sich, wenn man älter wird, häufig als leichter zu bewältigen, weil man so etwas schon einige Male erlebt hat. Man hat aus ihnen gelernt, das bedeutet, dass eine größere Distanz in Bezug auf dieses Thema besteht. Indem wir älter werden, wächst häufig auch unsere Fähigkeit, längere Zeiträume zu überschauen, und auch dies macht uns ruhiger. Auch das Verarbeiten von Schicksalsschlägen und anderen Hindernissen führt dazu, dass das Ich einen größeren Abstand in Bezug auf die Seele hat. Es entsteht eine gewisse Lebens-Weisheit.

Der Unterschied zwischen der ›großen Seele‹ und der ›kleinen Seele‹ (siehe Seite 47f.) kann auch verstärkt werden, indem ein Übungsweg beschritten wird. Genau wie im Sport sind bestimmte Seelen- und Geistesfähigkeiten trainierbar. Allerdings muss man sich bewusst entscheiden, einen solchen Weg zu gehen und die notwendige Zeit in ihn zu investieren. Diese Zeit ist jedoch gut investiert, da wir weniger Zeit für die Lösung von Problemen aufwenden müssen, die durch das Fehlen der nötigen Geistes-Gegenwart zustande kommen.

In diesem zweiten Teil des Buches werden Übungen beschrieben, die auf diesem Weg hilfreich sein können.

Man kann zum Beispiel so vorgehen, dass man eine Übung auswählt und sie eine Zeit lang durchführt, zum Beispiel einen Monat oder mehrere Monate lang. Dann blickt man auf die eigenen Bemühungen zurück und beurteilt, was sie einem eingebracht haben. Im nächsten Schritt kann man eine Variation dieser Übung wählen und damit weitermachen. Nach einiger Zeit können Sie auch wieder auf eine frühere Übung zurückkommen.

Selbstbetrachtung

In dieser Übung schulen wir die Fähigkeit, Abstand zu sich selbst zu schaffen und aus dieser Distanz heraus auf sich selbst zu blicken.

Wir führen diese Übung an einem bestimmten Moment des Tages durch, an dem wir uns ruhig eine kleine Pause gönnen können. Dann betrachten wir ein Ereignis, etwas, was wir unlängst erlebt haben. Es kann auch ein Ereignis sein, das etwas weiter zurück in der Vergangenheit liegt. Bei dieser Übung geht es um die Aktivität der Wahrnehmung als solcher, nicht um das, was wahrgenommen wird. Wir holen also aus der Erinnerung ein *Bild* herauf, und dieses Bild wird zum Wahrnehmungsobjekt. Zunächst blicken wir *äußerlich-sinnlich* auf das, was wir erfahren haben:

▶ Wie sah die Umgebung des Ereignisses aus? Welche Menschen waren beteiligt? Wie sahen sie aus und was taten sie? Was sagten sie? Und was taten Sie selbst? Wie verhielten Sie sich dazu? Sie schauen also sozusagen wie von oben oder von hinten auf das Ereignis und beziehen sich selbst wie eine Figur ein, die Sie aus dieser Perspektive erblicken.

Bei diesem Übungsschritt treten Sie gewissermaßen aus sich heraus und überblicken eine Situation aus einer gewissen Distanz. Zuerst betrachteten Sie die sinnlich wahrnehmbare Seite dieser Situation. Im zweiten Schritt betrachten Sie, was sich in Ihrem *Innern* abspielte:

▶ Welche Gedanken hatten Sie? Welche Gefühle traten auf? Gab es bestimmte Impulse, die in Ihnen wach wurden? Wenn Sie dies auf diese Weise Revue passieren lassen, können Sie auch noch versuchen, einmal zu betrachten, wie diese Gedanken und Gefühle und Impulse aufeinander einwirkten.

Bei diesem Übungsschritt betrachten Sie Ihre Innenwelt, so wie Sie beim ersten Schritt mehr die Außenwelt betrachteten. Können Sie bestimmte Einzelheiten der Ereignisse in der Innenwelt nicht wiederfinden, so kann es hilfreich sein, noch einmal zur Wahrnehmung der Außenwelt zurückzukehren: Was genau sagte jemand, und wie berührte es Sie?

Sie können als Thema alles nehmen, was in Ihrer Erinnerung lebt: einen Moment, als Sie gerade Socken kauften oder mit Ihrem Partner zusammen kochten, eine Sitzung im beruflichen Bereich, eine Tätigkeit im Garten. Es macht eigentlich keinen großen Unterschied, weil es sich hier lediglich um die Wahrnehmung handelt, die das Ich an seiner Innenwelt macht. So schulen Sie Ihr Ich, Abstand von der Seele zu gewinnen. Und dieser Abstand macht es möglich, besser einzugreifen und freier zu steuern.

Gestern blickte ich einen Moment lang auf den Augenblick zurück, als ich eine kaputte Glühbirne auswechselte. Ich sah, wie ich die Leiter hinstellte und hinaufstieg. Dann, als ich die Halogenlampe herauszuschrauben versuchte, bemerkte ich, dass ich dafür einen Schraubenzieher benötigte. Ich stieg also die Treppe wieder herunter und stieß dabei ein Fahrrad um. Dies steht normalerweise nicht dort. Mit dem Schraubenzieher wieder hinauf, die Lampe herausgedreht, eine neue Lampe eingesetzt. Runter, Lampe kontrollieren: sie funktionierte. Leiter wieder weggestellt. Fertig.
Und die Innenwelt? Ich war ziemlich ärgerlich, weil ich nicht mehr wusste, wie man diese Art von Lampen eigentlich auswechselte. Der Gedanke stieg in mir auf: »Warum gibt es eigentlich so viele unterschiedliche Arten von Lampen, und jede wird in einer anderen Weise befestigt? Kein Wunder, dass man Fehler macht!« Meine

Gedanken während des Rückblicks hakten an dieser Stelle nach:
So läuft das immer. Wir haben immer mehr unterschiedliche Din-
ge mit unterschiedlichen Techniken. Dadurch sind Artikel immer
weniger austauschbar. Wir brauchen immer mehr unterschiedliche
Lampen und einen immer größeren Vorrat, und nach einiger Zeit
ist der Artikel in einer neuen Version erhältlich und die alten Lam-
pen passen nicht mehr. Hallo! Abgeschweift! *Diesen letzten Ge-*
danken habe ich erst jetzt, ich hatte ihn nicht in dem Moment, als
ich versuchte, den inneren Vorgang wahrzunehmen. Also zurück
zur Wahrnehmung der Innenwelt.
Geduldig sehe ich mich selbst die Treppe wieder heruntersteigen,
um den Schraubenzieher zu holen. Als ich das Fahrrad umstoße,
steigt ebenfalls sofort Ärger auf. Warum steht dieses Fahrrad ei-
gentlich hier?, beschwere ich mich. Das gehört gar nicht hierhin.
Wahrscheinlich hat wieder jemand vergessen, es aufzuräumen.
Der Ärger über das Fahrrad steigt wieder auf. Ich spüre ihn wieder,
ich kenne ihn gut. Er tritt häufiger auf, wenn ich der Meinung bin,
dass Dinge nicht richtig aufgeräumt sind. Halt! Nicht mitgehen
mit dem Ärger von damals. Ich bin jetzt mit dem Rückblick be-
schäftigt! Ich sehe den Ärger von damals und nicht alles andere aus
früheren Momenten, was damit zusammenhängt. Sonst verliere
ich mich wieder in Emotionen.

Machen Sie diese Übung täglich. Ein fester Zeitpunkt im Lauf des
Tages macht es einfacher. Fünf bis zehn Minuten sind ausreichend.
Es geht vor allem um die Konzentration.

Wo liegen die Fallen, die bei dieser Übung leicht auftreten?

► Sie beginnen, darüber zu urteilen, ob Sie etwas richtig machten
oder ob Sie versagten. Solche Urteile sollten Sie vermeiden.

► Assoziationen gehen mit Ihnen durch und Sie schweifen ab. Versuchen Sie möglichst sofort zurück zur Wahrnehmung zu gehen

und dort weiterzumachen, wo Sie bei Ihrer Übung angelangt waren. Urteilen Sie nicht über dieses Abschweifen.

▶ Sie erleben aufs Neue, was in diesem Moment geschah, und damit verlassen Sie die eigentliche Wahrnehmung dieses Momentes.

Was ist das Resultat dieser Übung, wenn man sie längerfristig durchführt?

▶ Sie stärken Ihre Konzentrationsfähigkeit.
▶ Erinnerungsbilder werden wieder lebendiger.
▶ Sie erwecken gewissermaßen einen ›zweiten Menschen‹ in sich: den inneren Zuschauer bzw. den inneren Steuermann.

Der innere Steuermann, das sind Sie selbst, das ist Ihr Ich. Mit anderen Worten bezeichnet man dies als Geistes-Gegenwart. Diese Geistes-Gegenwart wird Ihnen immer besser helfen, im Tagesverlauf mit mehr Selbstbewusstsein an den Geschehnissen beteiligt zu sein. Emotionen werden dadurch besser steuerbar; es gelingt Ihnen besser, Ihre Ängste in den Blick zu fassen und zu verstehen. Urteile, die Sie lähmen können, können Sie leichter in Bewegung bringen, wenn Sie zu sehen vermögen, wie sie Sie in bestimmten Momenten lähmen. Und Impulse, die Sie beispielsweise zu unterdrücken gewohnt waren, können jetzt mehr Raum erhalten, wodurch Sie möglicherweise spontaner oder origineller handeln werden.

Diese Geistes-Gegenwart ist natürlich etwas ganz anderes als der anfangs beschriebene ›innere Kritiker‹. Dieser schaut auch zu, was Sie so alles tun, aber er hat die Neigung, alles abzuurteilen oder das Urteil zu fällen, dass Sie etwas besser hätten tun können. Das ist eine bremsende, hemmende innere Instanz, die nun gerade *nicht* mit der Ich-Wirkung zu tun hat. Mit der Übung des Abstandgewinnens können Sie diese Ich-Wirkung besser beobachten. Wir werden später noch darauf zurückkommen.

Sie können, wenn Sie wollen, diese Übung mit folgenden Worten abschließen:

Ich sehe einen Moment meines Lebens,
Umgebungen und Menschen,
Gefühle und Gedanken.
Ich sehe »Ich«, und fühle:
Es ist mein Ich, das sieht!

Die innere Haltung

Die innere Haltung, mit der wir diese Übung durchführen, ist ebenfalls von Bedeutung. Es sollte eine Haltung des Interesses sein, des Respekts und der Ehrfurcht vor dem Menschen, den Sie im Keim bereits darstellen. Neben dem Respekt erfordert sie auch eine gewisse Unbestechlichkeit, ja Unerbittlichkeit, mit welcher Sie bereit sind, alles zu betrachten, was vorhanden ist, und die eventuellen negativen Seiten nicht zu beschönigen. Sie sollten vielmehr mit Respekt behandelt und keinesfalls verurteilt werden.

Es kann hier hilfreich sein, einen spirituelleren Gesichtspunkt in Bezug auf uns als Menschen zu berücksichtigen: Wir können uns als ein Wesen betrachten, das irgendwann einmal vor der Geburt sein Dasein in der geistigen Welt hatte. Diese Welt lässt sich nicht mit irdischen Sinnen wahrnehmen, denn sie und die Wesen, die dort leben, haben keinen irdischen Körper. In diesem vorirdischen Dasein haben Sie sich selbst vorgenommen, wiederum ein Erdenleben zu beginnen. Dieses Leben hat das Ziel, dass Sie sich weiterentwickeln. Dinge aus einem früheren Leben können dabei sowohl hilfreich wie hemmend wirken. Sie sind als Konsequenz im heutigen Dasein anwesend. Dies kann man als *Karma* bezeichnen. Aber man kann sich entschließen, die Verantwortung für das zu übernehmen, was man mit auf den Weg bekommen hat. Und dass man diesen Dingen einen Ort im Leben zuweisen bzw. versuchen will, sie umzuwandeln. Wenn wir solchen Dingen bei der Wahrnehmungsübung begegnen, ist es gut, sich klarzumachen, dass Sie selbst derjenige sind, der speziell diese negativen Dinge in Ihnen umwandeln möchte, und dass Sie gerade deswegen auf der Erde sind. Der Wille zur Perfektion ist, aus der Perspektive des Kosmos betrachtet, uninteressant. Unter diesem Gesichtspunkt ist es viel interessanter, dass Sie als Mensch bereit sind, sich mit Ihren Einseitigkeiten zu konfrontieren und an ihnen etwas zu ändern.

Tagesrückblick

Eine andere Form der Übung im Abstandgewinnen ist der Tagesrückblick. Bei dieser Übung nehmen Sie sich abends einen Moment lang die Zeit, auf den zurückliegenden Tag zu blicken. Diese Übung hat, neben dem Abstandgewinnen, das Ziel, den Tag, den Sie gerade durchlebt haben, abzurunden.

Im Laufe eines Tages geschieht sehr viel. Und vieles davon durchleben Sie nur halb bewusst. In einem Moment leben Sie aus Ihren Gewohnheiten heraus quasi mit dem Autopiloten; in einem anderen Moment sind Sie nicht selbst handelnd anwesend, sondern Sie leben aus den Emotionen, die in diesem Moment aufgewühlt werden. Und häufig werden Sie von etwas Positivem oder Negativem berührt, mit dem Sie sich nicht auseinandersetzen können, weil Sie gerade mit etwas anderem beschäftigt sind. Dann haben Sie einfach nicht die Zeit, sich mit diesen Gefühlen zu befassen, mit denen sie konfrontiert werden – obwohl sie diese Aufmerksamkeit sehr wohl verdient hätten.

Was geschieht mit diesen nicht voll durchlebten Gefühlen? Sie sinken schnell ins Unterbewusste. Vor allem die negativen Erfahrungen, die im Unterbewussten gelandet sind, wirken auf Dauer hemmend in Bezug auf Ihre Energie und können Ihre Stimmung dämpfen. Den positiven Gefühlen, die nicht richtig erlebt werden, fehlt die Möglichkeit, eine positive Grundstimmung zu verstärken.

Der Tagesrückblick hilft Ihnen dabei, all diese Erlebnisse dennoch mit Ihrem Ich zu verbinden. Und so können Sie ruhiger in die Nacht hineingehen. Der Tag ist dadurch besser abgerundet.

Die innere Haltung, mit der Sie diesen Rückblick durchführen können, wurde oben bereits angedeutet. Am Ende des Tages, vielleicht auch im Bett, suchen Sie einen kurzen Zeitraum für die Übung. Nehmen Sie sich genügend Zeit, sie mit Aufmerksamkeit durchzuführen, aber auch wiederum nicht zu viel, damit Sie sich nicht in Details verlieren. Zehn Minuten sind im Allgemeinen genug. Eine ›wache‹ Körperhaltung ist ebenfalls wichtig; Sie sollten also noch nicht zu müde sein.

Wiederum gilt: Urteilen Sie nicht darüber, wenn Sie abschweifen, was gerade am Anfang häufig geschehen wird, sondern kehren Sie einfach zu dem Moment zurück, in welchem Sie den roten Faden kurz verloren haben.

Den Tagesrückblick können Sie variieren, indem Sie mit einer ganz bestimmten Frage auf diesen Tag blicken. Wie schon in der vorigen Übung stärken Sie die Fähigkeit, Abstand von sich selbst zu gewinnen. Daneben wird das Ich wacher für bestimmte Qualitäten des zurückliegenden Tages.

Im Folgenden möchte ich ein paar solcher Fragen betrachten, mit denen Sie aus einer bestimmten Perspektive auf den Tag zurückblicken können.

Perspektive 1: Das Wesentliche und das Unwesentliche

Das zunächst unübersichtlich groß erscheinende Erinnerungspanorama eines langen Tages können Sie strukturieren, indem Sie auf den Tag mit der Frage zurückblicken: Was war heute wesentlich und was war unwesentlich?

Große Dinge, die vielleicht viel Aufmerksamkeit erforderten oder viel Zeit kosteten, werden kleiner. Scheinbar kleine Dinge können an Bedeutung gewinnen. So kann es sich ergeben, dass ein heftiger Streit, der viel Zeit und Energie verbrauchte, lediglich auf einem

Missverständnis beruhte und dadurch weniger wesentlich wird, während eine spontane, freundliche Bemerkung, die jemand machte, während sie gerade einkauften, Sie wirklich berührt hat. Diese Erfahrung war wesentlicher, und indem Sie sich noch einmal mit ihr befassen, kann ihr Wert wachsen.

Eine Klientin berichtete aufgrund ihrer Erfahrungen mit der Unterscheidung zwischen wesentlichen und unwesentlichen Vorfällen Folgendes:

> *Als ich diese Übung länger machte, schien es mir, als ob alles, was ich im Lauf des Tages erlebt hatte, wesentlich würde. Alles erhält mehr Bedeutung. Und das macht meinen Tag viel reicher!*

In der Tat, vielleicht kann man sagen: Es geht nicht darum, ob die Ereignisse wesentlich sind, sondern um die Frage, ob Sie diese Ereignisse mit Ihrem Wesen verbinden können! Das macht sie wesentlich.

Auch diese Übung hat zwei Seiten. Indem Sie das Wesentliche noch einmal deutlich in den Vordergrund rücken, erhält Ihr Tag eine ganz andere Stimmung. Das Bild dessen, was an diesem Tag geschehen ist, ändert sich. Dadurch kann der Tag für Sie einen anderen Wert erhalten. Sie verbinden sich lediglich mit den Hauptlinien.

Des Weiteren stärken sie die Fähigkeit, zwischen dem, was bedeutend, und dem, was unbedeutender ist, zu unterscheiden. Sie schaffen sozusagen ein *Sinnesorgan für das Wesentliche*. Dieses Sinnesorgan kann sich weiterentwickeln, um den geistigen Aspekt der Dinge wahrzunehmen. Diese Fähigkeit können Sie in Ihrem täglichen Leben anwenden, wodurch sich Ihre Reaktionen auf bestimmte Ereignisse verändern können. Das Wesentliche erhält eine stärkere Betonung, das Unwesentliche eine geringere.

Perspektive 2: Das Wunder

Eine andere Art und Weise, wie Sie auf Ihren Tag blicken können, ist die unter der Perspektive der Frage nach dem Wunder. Sie können sich fragen, welche kleinen Wunder Ihnen an diesem Tag widerfahren sind. Dies können unerwartete, ungeplante, besondere Dinge sein, die sie niemals selbst so hätten organisieren können. Es können auch kleine vermeintliche Widrigkeiten sein, die jedoch großes Unheil verhütet oder zu einer nützlichen neuen Erkenntnis geführt haben.

Auch bei dieser Variante geht es um das Erwecken einer bestimmten Qualität: der Wachheit für die Wahrnehmung des Besonderen.

Diese Variante der Übung trägt dazu bei, eine Lebenshaltung der Unbefangenheit zu entwickeln. Es zeigt sich dann, dass eigentlich viel mehr Wunder geschehen, als Sie sich bewusst sind. Die Wirkung eines Wunders kann sich häufig auch erst später offenbaren. Manchmal erweist sich eine als zunächst negativ erlebte Krankheit als ein Wunder, wenn Sie bemerken, wie sehr Sie sich durch sie verändert haben!

> *Ich blicke auf meinen Tag.*
> *Die Fäden, die dort weben.*
> *Ich sehe die Wunder,*
> *die mir geschenkt werden,*
> *und fühle mich ver-wundert*
> *ob der Schönheit des ganz alltäglichen Lebens.*

Perspektive 3: Geschenke

Sie können mithilfe dieser Übung des Abstandschaffens auch positive Eigenschaften entwickeln, die weniger im Vordergrund stehen. Etwa *Ehrfurcht*, *Dankbarkeit* und *Staunen* sind Eigenschaften, über die Sie im Getriebe des Tages oft einfach hinweg leben.

Nun betrachten Sie beispielsweise etwas, was Sie im Laufe dieses Tages als Geschenk erhalten haben. Häufig bekommen Sie im Tagesverlauf Geschenke, doch Sie leben über sie hinweg oder lassen sie links liegen. Jemand macht Ihnen zum Beispiel ein Kompliment oder freut sich über etwas, das Sie für ihn getan haben. Nehmen Sie dieses Geschenk in Empfang? Lassen Sie es wenigstens einen Moment lang bei sich ankommen? »Unterschrift zur Empfangsbestätigung«, könnte man das nennen. Oder Sie erzählen jemandem, womit Sie sich gerade beschäftigen, und der Betreffende weist Sie auf einen Artikel oder ein Buch über genau dieses Thema hin. Sie lesen es und haben viel Gewinn davon. Realisieren Sie, dass Sie ein Geschenk empfangen haben?

Bei dieser Übung befassen Sie sich sozusagen rückwirkend mit solchen Dingen und empfangen das Geschenk nachträglich bewusst. Durch diese Übung werden Sie wacher für solche Ereignisse, und Sie halten eher inne, wenn Sie Geschenke erhalten. So kann allmählich Dankbarkeit in Ihnen entstehen, und als Folge dieser Dankbarkeit werden Sie häufiger auch selbst die Idee haben, anderen ein Geschenk machen zu wollen. Sie überwinden dabei auch die übliche modische Haltung: *Wer bin ich denn, dass gerade ich das tun sollte?*

Diese Variante ist besonders nützlich und angenehm für Menschen, die sich (eine Zeit lang) verwundbar oder einsam fühlen oder die unter der Empfindung leiden, Spielball der Ereignisse zu sein.

Ich blicke auf meinen Tag,
die Fäden, die dort weben.
Ich sehe, was mir gegeben wurde,
von Menschen, durch den Zufall.
Ich danke dem Schenker,
dem Menschen, der sich die Mühe macht,
mir dies zu bringen.

Ich danke auch dem Schenker,
der im Verborgenen wirkt
durch die Hand des Menschen,
der den Reichtum brachte.

Perspektive 4: Grenzerfahrungen

Wenn wir uns auf diese Weise mit den besonderen Dingen, wie zum Beispiel den kleinen Wundern, die uns zustoßen können, oder den wesentlichen Dingen des Tages beschäftigt haben, können wir unseren Blick auf die Momente des Tages lenken, an denen wir kurz an unsere Grenzen stießen. Dies sind Momente, in denen wir aufgrund bestimmter Gefühle erleben, dass wir einen derartigen Moment von unserem Ich aus nicht gut ertragen. Es handelt sich dabei um Gefühle wie Unbehagen, Spannungen oder Unsicherheit. Auch Verstimmungen oder das unfrei machende Gefühl einer Begierde können ein Signal dafür sein, dass wir an unsere Grenze gestoßen sind.

Meistens gehen solche Momente von selbst vorüber, ohne dass wir irgendetwas dafür tun müssen. Wir schalten für einen Moment vom ›Leben‹ zum ›Überleben‹ um und halten kurz den Atem an. Solche Momente können wir bei unserem Rückblick besonders herausgehoben betrachten und uns fragen: Was macht sie so schwierig für mich? Was für ein Risiko erlebe ich in dieser Situation? Kann ich dieses Risiko eingehen? Allmählich können wir dann wacher werden für diese Momente und sie zu ›normaleren‹ Ereignissen machen.

Perspektive 5: Der Körper

Eine wiederum andere Perspektive dieser Übung ist die, bei der wir genauer betrachten, was unser Körper im Laufe dieses Tages aufgrund dessen, was wir getan haben, mitgemacht hat.

Was erlebt ein Körper eigentlich? Wenn wir gestresst sind, weil wir etwas tun müssen, was uns schwerfällt, erlebt der Körper, dass er mehr Adrenalin ausschütten muss, mehr Spannung in die Muskeln schicken und mehr Aktivität in die Sinne legen muss, um wach sein zu können. Das alles bedeutet für ihn eine Situation der ›Überaktivität‹, die auf Kosten seiner normalen Funktion geht – den Aufbau und die Instandhaltung. Und dann muss er diese Adrenalinmenge später wieder verarbeiten. Dies alles sind nützliche Dinge, die der Körper für die Seele tut. Für den Körper ist dies allerdings belastend, es bedeutet eine Art Raubbau.

Für viele Menschen besteht der Arbeitstag aus stundenlangem Sitzen vor dem Computer. Auf den Bildschirm starren, wenig Bewegung, wenig Wahrnehmungen ... Was erlebt der Körper hier? Er muss sehr viel Energie in die Augen und das Gehirn schicken, ein wenig Energie in die Hände, die die Tastatur bedienen, und viel zu wenig Energie in den Rest des Körpers. Dieser wird dadurch kälter und steifer. Es ist nicht angenehm für den Körper!

Gestern ging ich zum Essen aus. Es war ein gutes Restaurant und das Essen war herrlich. Ich geriet wieder in Versuchung, mehr zu essen, als ich eigentlich wollte, aber es war auch wirklich besonders schmackhaft! Zum Schluss bekam ich auch noch einen Nachtisch. Das Resultat war, dass ich mit einem unangenehmen Völlegefühl im Magen nach Hause ging. Erst zwei Stunden später war es wieder verschwunden.

Die Seele wird durch das leckere Essen in Versuchung gebracht. Der Körper muss für die unangenehmen Konsequenzen des leckeren Essens aufkommen. Was die Seele nicht erledigt, muss jetzt der Körper übernehmen. Er muss mehr Energie für die Verarbeitung der Nahrung aufwenden und versuchen, dafür zu sorgen, dass seine eigentliche Form intakt bleibt – anders ausgedrückt: dass er nicht zu dick wird. Er bezahlt gewissermaßen die Zeche. Dasselbe gilt für das Naschen. Auch hier muss der Körper zusätzliche Arbeit leisten, um das Übermaß zu korrigieren.

Wenn man Nahrung mit starken Beimischungen von Farb- und Geschmacksstoffen zu sich nimmt, fordert man dem Körper ebenfalls zusätzliche Aktivität ab, um diese Stoffe, die für den Körper selbst keinerlei Funktion besitzen, wieder auszuscheiden. Dies gilt ebenso für den Genuss von Alkohol.

Doch es gibt wiederum auch Dinge, die für den Körper sehr angenehm sind, zum Beispiel ausreichende Bewegung ohne Hektik. Jemand, der krank geworden war und ein wenig mit dieser Übung gelebt hatte, berichtete:

> *Ich fühlte mich von meinem Körper im Stich gelassen, als ich krank wurde. Ich sehe jetzt, wie ich schon seit viel längerer Zeit meinerseits den Körper im Stich gelassen hatte. Daran muss ich dringend etwas ändern!*

So kann man also mit der Frage auf den Tag zurückblicken, wie man für seinen eigenen Körper gesorgt hat.

> *Mein Körper,*
> *du trägst mich*
> *jeden Tag, jedes Jahr,*
> *das ganze Leben über,*
> *schweigend und treu.*

> *Mit deinen eigenen Gesetzmäßigkeiten*
> *spiegelst du mir,*
> *wie ich mit dir umgehe,*
> *spiegelst mir auch,*
> *wie, in einer fernen Vergangenheit,*
> *ich dich aufgebaut habe.*

Perspektive 6: Lebenslinien

Eine zusätzliche Vertiefung des Tagesrückblicks können wir erreichen, indem wir den Tag unter dem Aspekt unserer *Lebenslinien* betrachten. Dies braucht natürlich nicht per se ein Rückblick auf den Tag zu sein, es ist etwas, was wir auch als Wochenrückblick durchführen können.

Verschiedene Themen spielen in unser Leben hinein. Es kann sich dabei etwa um Themen im Bereich des Umgangs mit unserer Energie handeln, ein Thema also, das sich mehr auf den Umgang mit unserem Körper bezieht. Ein anderes Thema kann etwas sein, das mit dem Inhalt unserer Arbeit zusammenhängt. Oder damit, wie wir mit unseren Beziehungen in der Arbeit oder unseren Partnern umgehen. Solche Themen sind im Laufe des Lebens normalerweise ständig in Bewegung. Wir stehen mit ihnen in einer Reihe von Lebenslinien, in welchen der jeweilige Tag oder die jeweilige Woche ein Bindeglied zwischen der Vergangenheit und der Zukunft bildet. Beim Rückblick auf den Tag oder auf die Arbeit können wir auf den Verlauf unterschiedlicher Linien in unserem Leben blicken. Dann werden wir sehen, wie sich diese Themen weiterentwickelt haben. Gab es bei einem bestimmten Thema einen längeren Stillstand, oder hat es sogar eine negative Wendung genommen, weil wir nicht eingriffen? So nehmen wir sozusagen mit stärkerem Bewusstsein unsere Erkenntnisse in Bezug auf unsere Lebenslinien mit in die Nacht, wo sie, weil wir sie just mit Bewusstsein mitnehmen, in unserem Unbewussten einen anderen Wert erhalten.

Wenn ich auf diese Woche zurückblicke, sehe ich, dass ich doch noch nicht genügend auf die Entspannung meines Bauchs geachtet habe. Wenn ich etwas zu viel tue, beginnt mein Bauch sich anzuspannen. Und nach einiger Zeit werde ich dann kribbelig und launisch. Diese Sache habe ich also vernachlässigt. Ich habe zwar

genügend Sport getrieben, doch eigentlich hätte mein Körper gerne
etwas mehr frische Luft gehabt, um sich richtig entspannen zu kön-
nen. An meinem Arbeitsplatz habe ich eine Reihe von Telefonaten,
die ich führen wollte, doch wieder verschoben. Ich muss aufpassen,
dass ich dadurch keine Fehler mache! Zum Glück habe ich mich
hingesetzt und mich mit der Auffrischung meines Berufswissens
etwas beschäftigt.
Wie steht es mit meiner Forschung? Habe ich darauf genügend
geachtet? Ich hatte doch ein paar kleine Entdeckungen gemacht.
Wie sahen sie auch wieder aus? Einen kurzen Moment innehalten
und sie vergegenwärtigen. Ich möchte noch kurz ein paar Notizen
dazu aufschreiben.
Und dann: Auf in die nächste Woche!

Perspektive 7: Leben mit einem Lernthema

Machen wir noch mal einen Schritt zurück zum ersten Thema dieses Buches: die Begegnung mit uns selbst und unserer Konstitution,
und das Angehen der Hindernisse, die dadurch entstehen können.
Wenn wir unsere Urteile über unsere Veranlagungen zurückhalten
können, und wenn wir ein klares Bild von diesen Anlagen und den
Hindernissen haben, die sie für uns darstellen, können wir fort-
fahren mit den Versuchen, diese Hindernisse umzuwandeln. In
unserem Innenleben nehmen wir uns also ein Projekt vor, das wir
für uns selbst definiert haben. In einem Tagesrückblick können wir
betrachten, wo wir dem Thema dieses Tages begegnet sind. Wie sah
es aus? Was haben wir damit gemacht? Und wie zufrieden sind wir
damit? Dies alles geschieht wiederum von einem Standpunkt der
Ehrfurcht und des Respekts aus.

Für alle Pluspunkte klopfen Sie sich ein wenig auf die Schulter.
Das hast du gut gemacht! Danach betrachten Sie die Punkte, an de-

nen Sie noch arbeiten müssen, und Sie stellen sich vor, was Sie beim nächsten Mal etwas besser machen können. Stellen Sie sich dies möglichst lebendig vor sich hin. Und dann schließen Sie es ab.

Am nächsten Morgen, bevor Sie wirklich loslegen, betrachten Sie einen Moment lang dieses Thema, dem Sie wahrscheinlich im Laufe des Tages begegnen werden. Stellen Sie sich kurz vor, wie das aussehen wird und wie Sie dann vorhaben, zu handeln. Darin kann Ihnen die Vorstellung vom vorigen Abend wieder nützlich sein, als Sie sich in der Fantasie klarmachten, wie Sie eine bestimmte Situation besser durchstehen würden. Dann schließen Sie das ab und begeben sich an die Arbeit.

Am Abend blicken Sie zurück auf den Tag, und jetzt schauen Sie wiederum, wie Sie mit Ihrem Plan vom Morgen umgegangen sind. So fokussieren Sie Ihre Aufmerksamkeit ein wenig auf das Thema, doch Sie sind nicht den ganzen Tag lang damit beschäftigt. Das ist auch gut so, denn sonst würde man doch verrückt.

Es ist mir deutlich, dass ich eine hysterische Konstitution habe. Die Sensibilität für die Stimmung anderer Menschen und die Empfindlichkeit gegenüber Trubel machen mir häufig zu schaffen. Ich bin zu dem Resümee gekommen, dass ich mich echt darum kümmern muss, sonst manövriere ich mich zu häufig in Schwierigkeiten. Morgens betrachte ich kurz, was der Tag mir bieten wird. Ich versuche vor mir zu sehen, was die schwierigen Momente sein werden. Das ist zum Beispiel die Sitzung des Teams, in dem ich arbeite. Häufig verläuft sie nicht besonders strukturiert und entartet leicht in eine emotionale Geschichte. Also nichts für mich. Ich nehme mir dann vor, möglichst nicht neben den emotionalen Menschen zu sitzen, am liebsten am Ende des Tisches, sodass ich nur eine Person neben mir habe. Ich habe das auch einmal in einer Sitzung mitgeteilt, meine Kollegen wissen also davon, und das macht viel aus. Ich versuche immer hinten in meinem Stuhl sitzen zu bleiben, wäh-

*rend meine Konstitution die Neigung hätte, sich just nach vorn zu
beugen. Aber dann hänge ich mich wieder zu viel hinein.*

*Ich habe den Vorsitzenden der Sitzung darauf angesprochen, dass
ich das Bedürfnis nach stärkerer Struktur habe. Wenn die Sache
außer Kontrolle gerät, werde ich das während der Sitzung wiederholen. Nach der Sitzung nehme ich mir zehn Minuten Auszeit.
Wenn ich sehr unruhig geworden bin, mache ich eine Übung, um
wieder zu mir zu kommen. So gehe ich einen Moment lang den
ganzen Tag durch und ich wappne mich für die Knackpunkte.*

*Am Abend blicke ich zurück, wie es gelaufen ist. Auf diese Weise
bin ich viel wacher geworden.*

In einem Wandlungsprozess lassen sich vier Stufen unterscheiden:

Schritt 1

Der erste Schritt besteht darin, zu akzeptieren, dass Sie bestimmte
Züge an sich haben, die Ihnen Schwierigkeiten bereiten und die Sie
ändern möchten. Sie müssen dann die Urteile darüber loslassen
wie auch Ihre Enttäuschung, dass Sie so sind, zumindest dass ein
Teil von Ihnen so ist. Und dabei müssen Sie akzeptieren, dass diese
Eigenschaft Sie noch eine ganze Weile begleiten wird. Dahinter steht
die Einsicht, dass Sie als Mensch auf der Erde sind, um zu lernen,
und dass Sie nicht perfekt zu sein brauchen. Perfekt werden Sie
nämlich niemals; Vollendung ist eine Illusion.

Schritt 2

Beim Tagesrückblick betrachten Sie, in welchen Situationen Sie das
Verhalten oder das Muster, das Sie umwandeln wollen, an den Tag
gelegt haben. Sie betrachten das ohne jedes Urteil. Zu Beginn wird es
auffallen, dass Sie es viel häufiger taten, als Sie dachten. Die Falle, der
Sie dann begegnen können, besteht darin, dass Sie enttäuscht sind,
weil Sie unter Umständen noch dämlicher agieren, als Sie dachten.

Doch das Gute daran ist ja gerade, dass Sie das sehen können, weil Ihr Selbstbewusstsein zunimmt. Und Selbstbewusstsein tut häufig weh. Sie nehmen sich vor, diesen Schmerz ertragen zu wollen.

Wenn Sie sehen, wie Sie in Ihre eigenen Muster hineingeraten sind, benutzen Sie Ihre Fantasie. Sie bestimmen, wie Sie in Zukunft in einer ähnlichen Situation anders handeln wollen. Sie können dabei dankbar von den Erfahrungen anderer Menschen Gebrauch machen. Wenn Sie diese ›Fantasie‹ einsetzen, werden Sie eher erkennen, wie andere in einer derartigen Situation handeln.

Schritt 3

Allmählich werden Sie wacher werden für Ihren Tag. Dann erkennen Sie im Moment einer bestimmten Handlung, wie Sie diese am Abend im Rückblick betrachten werden. Sie haben sich bereits häufiger eine Vorstellung davon gebildet, wie Sie in einer solchen Situation handeln können, und jetzt ist sie eingetreten. Daraus resultiert die Freiheit, ein neues Verhalten auszubilden.

Bevor diese Verhaltensänderung greift, haben Sie es mit einem automatisierten Verhalten zu tun, das vom Instinkt oder den Gewohnheitsmustern aus der Konstitution gesteuert wird. Das Ich wird allmählich wacher in Bezug auf solche Automatismen und verbindet sich immer stärker damit. Das Ich ist auch diejenige Instanz, die hier aktiv und bewusst die Fantasie benutzt. Als Nächstes wird das Ich versuchen, der Seele ein neues Muster einzuprägen.

Schritt 4

Nun muss das neue Verhalten zur Gewohnheit werden. Man muss wiederum vergessen, dass man sich in einem Veränderungsprozess befindet, und alles aus einer neuen Routine heraus tun. Wenn dies gelungen ist, ist die Änderung von dauerhafter Natur.

Übung für die Änderung von Gewohnheiten

Jeder Mensch verfügt über eine große Menge von Automatismen. Das gilt für das Denken und die Gefühlsmuster, besonders auch für die Art und Weise, wie wir Handlungen ausführen. Zum Glück, könnte man sagen, denn so bleibt uns viel Freiraum, unsere Aufmerksamkeit auf Dinge zu lenken, die für uns Menschen wichtig sind.

All diese Gewohnheiten zusammen kann man als den *Gewohnheitsleib* bezeichnen. Es sind sowohl Gewohnheiten, die uns unterstützen, wie auch solche, die uns auf Dauer hinderlich sein können.

Der Gewohnheitsleib ist eine hartnäckige Sache, da die Gewohnheiten größtenteils unbewusst sind. Darum ist der Gewohnheitsleib auch nur schwer zugänglich. Wenn man in ihm etwas ändern will, wie wir es oben beschrieben haben, so kann es dabei hilfreich sein, eine Übung hinzuzunehmen, die gewissermaßen im ›Gewohnheitstopf‹ tüchtig umrührt.

Wie das funktioniert? Man nehme eine ganz einfache Angewohnheit und entscheide sich, sie zu einer anderen zu verwandeln. Es geht nicht darum, welche Gewohnheit wir auf diese Weise angehen, sondern vielmehr um die Beweglichkeit, die wir in die Schicht der Gewohnheiten hineinbringen.

Meine Frau hatte den Mülleimer in der Küche an eine andere Stelle verschoben. Ich fand das sehr unpraktisch. Da ich häufig koche, ging ich, immer wenn ich gedankenlos etwas wegwerfen wollte, zu der Stelle, an der früher der Mülleimer stand. Dann musste ich erst kurz nachdenken, wo jetzt sein neuer Ort war, und konnte dann erst meine Abfälle loswerden. Zunächst ärgerte mich das immer, später habe ich mich damit arrangiert. Da bemerkte ich auch, dass die Gewohnheit in viele unterschiedliche Muster zerlegt und umorganisiert werden musste. Beim Teemachen zum Beispiel musste ich den Teebeutel in den verschobenen Mülleimer werfen. Dies erwies sich als eine ganz andere Gewohnheitshandlung, als wenn ich die Kartoffelschalen wegwerfen musste. Ich musste die Tatsache des versetzten Mülleimers also in verschiedene, ganz unterschiedliche neue Gewohnheitsmuster aufnehmen.

So etwas kann man als eine Übung betrachten, die Bewegung in den Gewohnheitsleib bringt. Man kann auch ganz andere Gewohnheiten auf diese Weise angehen. So berichtete mir eine Frau, dass sie beim Ankleiden versucht, ihre Blusen und Pullover zuerst mit dem linken Arm anzuziehen und erst dann mit dem rechten. Dies erwies sich als recht schwierig, und dann saß auch noch der Pullover zunächst nicht bequem. Möglich ist es auch, die Tür mit der jeweils anderen Hand zu öffnen, als man es gewohnt ist.

Wenn die neue Gewohnheit ein Teil des Musters geworden ist, ist es gut, diese Übung zu ersetzen.

Diese Übung ist emotional völlig unbelastet. Man übt sich lediglich darin, eine andere Gewohnheit hinzuzufügen. Änderungen in unseren Konstitutionsmustern sind häufig viel stärker emotional belastet. Dann kann es hilfreich sein, an zwei Fronten gleichzeitig tätig zu sein.

Einzelheiten ordnen und stärken

Manche unangenehmen Situationen, die wir erleben, können ein Gefühl der Verwirrung hervorrufen. Diese Verwirrung können wir mit der nachfolgenden Übung zu ordnen versuchen. Sie bewirkt

Möglichkeiten zur Vertiefung der Selbstkenntnis und der Erkenntnis, wie sich andere Menschen verhalten.

Verwirrung entsteht, wenn unterschiedliche Teile der Seele miteinander quasi zusammenstoßen. Diese unterschiedlichen Teile haben an ein und demselben Ereignis jeweils ganz eigene Erfahrungen gemacht, und diese können miteinander in Konflikt geraten. In der nachfolgenden Übung blicken wir nach innen, um die unterschiedlichen Seelenteile unterscheiden zu lernen. Danach können wir mit jedem dieser Teile in ein Gespräch eintreten. Jedes dieser Teile hat seine eigene Dynamik und seine eigenen ›Interessen‹. Hier wird das Ich auf den Plan treten müssen, um wieder Ordnung hineinzubringen.

Schritt 1

Wir betrachten den Vorfall, wie bereits bei früheren Übungen beschrieben. Wir beschreiben für uns selbst die tatsächlichen, sachlichen Vorgänge. Wir tun dies wiederum wie ein objektiver Zuschauer. Dann steht das Erinnerungsbild einigermaßen objektiv vor uns:

> *Am Sonntagmorgen habe ich einen Spaziergang gemacht. Bei uns stehen Blumenkübel mit Narzissen auf der Straße, damit niemand auf dem Gehweg parkt. Ich sah, dass in dieser Nacht wieder eine ganze Menge von Narzissen herausgerissen und auf die Straße geworfen worden waren. Wahrscheinlich wieder Jugendliche, die bis spät in der Nacht in einer Bar an der Ecke gesessen hatten. War es Vandalismus? Oder war Alkohol im Spiel?*

Schritt 2

Nun bitten wir den *Jugendlichen* in uns, diesen Vorfall zu beschreiben. Dieser Jugendliche wird von schnellen Urteilen, heftigen Emotionen und ungebremsten Handlungsimpulsen charakterisiert. Er lebt momentgebunden und kümmert sich wenig um Normen und Werte. Auch sein Sprachgebrauch schert sich nicht um irgendwelche vermuteten Reaktionen. Deshalb kann er uns viel Neues vermitteln. Vor allem Dinge, die mit Wut zu tun haben, fallen in seinen Lebensbereich.

> *Verärgert. Habe morgens einen Spaziergang gemacht. Kam zur Tür heraus und sah es sofort: Da waren wieder einige von diesen betrunkenen blöden Typen, die unbedingt zeigen mussten, wie cool sie sind. Die hatten Narzissen aus den Pflanzenkübeln gerissen und auf die Straße geworfen. Das ist jetzt schon das tausendste Mal, dass so etwas passiert. Haben die nichts Besseres zu tun, als hier alles zu ramponieren? Wahrscheinlich haben sie sich wieder in der Bar zugedröhnt! Da sitzen sie rum und langweilen sich, und danach nerven sie uns. Diese Bars sollten eigentlich schon viel früher als erst um drei Uhr schließen müssen. Dann haben die dort weniger Zeit, sich vollaufen zu lassen. Und die Polizei tut auch nichts! Ich hätte Lust, nachts wach zu bleiben und sie zusammenzuschlagen, wenn ich ihnen begegne. Wer nicht hören will, muss fühlen!*

Was übermittelt uns dieser ›innere Jugendliche‹? Neben den Tatsachen berichtet er prononciert sein Urteil über Jugendliche, die in der Bar herumhängen, über Trinkgewohnheiten und das Auftreten der Polizei. Wenn Sie dem Jugendlichen in sich keine Gelegenheit geben, sich auszusprechen, so verschwindet seine angehäufte Ladung im Körper und kann dort zu verstärkter Müdigkeit führen.

Schritt 3

Nun bitten Sie einmal das *Kind* in sich, zu berichten, was es an diesem Vorfall erlebt hat. Das Kind ist der Träger von Verletztheiten und Betroffenheit. Es verwaltet die Ebene der tieferen Gefühle, sowohl im positiven wie im negativen Sinn. Gefühle der Akzeptanz oder des Zurückgewiesenwerdens, des Unterstütztwerdens oder des Alleingelassenseins, der Sicherheit oder der Unsicherheit – sie alle gehören zu ihm. Auf dieser Ebene passiert sehr viel! Häufig hat der Erwachsene in uns das Urteil, dass das Kind in uns sich anstellt oder übertreibt. Der andere wird es wohl nicht so gemeint haben, oder er kann auch nichts daran ändern, dass die Dinge eben so gelaufen sind, wie sie liefen. Der Schmerz des kleinen Kindes und das Verständnis des Erwachsenen stehen sich dann diametral gegenüber. Doch sie gehören alle beide dazu und heischen beide nach Anerkennung.

Das innere Kind hat immer recht. Es übertreibt nicht. Wenn es scheinbar übertreibt, so kommt das daher, dass im betreffenden Moment dieses Geschehens altes Leid mitschwingt. Darum ist es für den Erwachsenen wichtig, dem kleinen Kind die Anerkennung zukommen zu lassen, die es verdient. Dies bedeutet nicht, dass andere immer gemein seien oder einen zu Unrecht verletzen, es bedeutet vielmehr, dass diese Gefühle des Schmerzes ein Daseinsrecht haben:

Wie traurig. Wir hatten diese schönen Blumen auf dem Gehweg stehen. Man hat sie aus der Erde gerissen und auf die Straße geworfen. Ich finde es wirklich schlimm, dass die Jungen so etwas machen! Ich traue mich aber nicht, den Mund aufzumachen und etwas zu sagen. Ich habe Angst vor dieser Gruppe von schreienden Jungen. Ich habe Angst, dass sie mich dann schlagen werden!

Schritt 4

Nun fragen wir den *alten Weisen* in uns nach seinem Bild. Das kleine Kind und der Jugendliche sind Kräfte, die aus der Vergangenheit weiterwirken. Sie werden von dem bestimmt, was wir in der Vergangenheit erlebt haben. Daneben lebt jedoch auch der Weise in uns, der sich in der Zukunft entwickeln kann. Ihn sprechen wir nun an. Dieser

Weise blickt mit seiner Weisheit aus einer gewissen Distanz auf den Vorfall. Er hört, was der Jugendliche und das kleine Kind zu berichten haben, und er sieht, welche Werte und Ideale im Spiel sind.

Wie schade. Die Narzissen sind heute Nacht wieder herausgerissen worden. Wahrscheinlich angetrunkene Bar-Besucher. Was fordert diese Tatsache jetzt von uns? Wir finden es wichtig, dass nicht auf dem Gehweg geparkt wird, damit Menschen mit einem Kinderwagen oder einem Gehwägelchen noch hindurchpassen. Darum haben wir diese Kübel dorthin gestellt. Und das funktioniert.
Aber jetzt bekommen wir es mit einem anderen Phänomen zu tun: Zerstörungssucht und Verschandelung. Wie gehen wir nun mit Menschen um, die Zerstörungen zurücklassen? Wollen wir uns auch damit auseinandersetzen? Oder gehört das nicht zu unserem Wertekodex? Ja, es gehört zu meinen Werten, doch nicht so, dass ich dafür eigens in Aktion treten möchte.
Wir fühlen die Wut und die Energie, die sich dahinter verbirgt, aber wir fühlen auch Angst. Wenn wir für unsere Werte einstehen wollen, müssen wir uns auch mit unserer Angst auseinandersetzen. Aber wollen wir das?

Schritt 5

Schließlich wägt der Erwachsene in uns alles ab, was er aus den verschiedenen Regionen der Seele vernommen hat, und zieht seine Schlussfolgerungen, was in diesem Moment notwendig ist, um die Ordnung wiederherzustellen. Ein jeder wird hier zu seiner eigenen Antwort kommen müssen:

Ein Dilemma. Ich wollte nicht, dass dort auf dem Gehweg geparkt wird. Die Blumenkübel waren dafür eine gute Lösung. Aber sie haben die Zerstörungssucht herausgefordert. Jetzt muss ich mich

entscheiden. Lasse ich mich durch den Vorfall entmutigen und beseitige die Blumenkübel wieder? Stehe ich für meine Werte ein und unternehme etwas, um die Zerstörungssucht einzudämmen? Werde ich mich dann auch mit meinen Ängsten auseinandersetzen?
Wenn ich mir das Ganze durch den Kopf gehen lasse, muss ich sagen, dass mir das im Moment zu weit geht. Die Herausforderung ist nichts für den jetzigen Augenblick. Ich beschränke mich darauf, wieder Pflanzen in die Kübel zu setzen und werde sie pflegen. Weiter werde ich diesmal nicht gehen.

Das Kind in uns ist häufig der Träger von Schmerz, Kummer und Einsamkeit. Es ist ein Träger tiefer Gefühle. Darum ist es auch so verletzlich!

Das kleine Kind wird häufig von seinem größeren Bruder oder seiner größeren Schwester beschützt. Die befinden sich bereits in der Pubertät und verteidigen und beschützen die oder den Kleineren. Das tun sie auf typisch pubertäre Art und Weise, mit viel Theater und heißer Luft. Soll es in unserem Innern ruhig werden, dann müssen Vater oder Mutter ihre Verantwortung übernehmen. Sie können zum großen Bruder oder zur großen Schwester sagen: »Das hast du gut gemacht, du hast gut für dein Geschwister gesorgt. Jetzt übernehmen wir die Sache.« Die großen Geschwister dürfen sich durchaus auch einbringen! Daraufhin darf das kleine Kind seinen ganzen Kummer und Schmerz auf dem Schoß ausheulen. Es darf den Trost empfangen, den es verdient.

Schließlich lösen die Eltern das Problem auf eine ›erwachsene‹ Art und Weise.

Alles, was in der Seele lebt, braucht seine Anerkennung. All diese unterschiedlichen Seiten erfordern Aufmerksamkeit und Pflege. Häufig findet der Erwachsene in uns, dass die Wut nicht angebracht oder unsere Enttäuschung übertrieben ist. Dann werden solche Gefühle aus der Seele geworfen, bevor sie gut verarbeitet sind. Wenn dies geschieht, landen sie häufig im Körper. Und dort können sie zu Störfaktoren werden. Vor allem dann, wenn immer wieder neue Ladungen derselben Art abgeladen werden.

Diese Übung erhält eine andere Farbe, wenn wir denselben Seelenteilen die Möglichkeit geben, sich über einen allgemeinen Vorfall auszusprechen. Dann sprechen wir die positiven Teile der Seele an, die wir dadurch stärken können.

Schritt 1 – Der objektive Zuschauer

Zu meinem Geburtstag bekam ich von einem guten Freund ein Buch, nach dem ich schon lange auf der Suche gewesen war. Es war vergriffen und ich konnte es auch über das Internet nicht beschaffen. Er hatte sich auf die Suche gemacht und hat es in einem Antiquariat entdeckt. Strahlend gab er mir das schön verpackte Geschenk. Ich war total überrascht und froh.

Schritt 2 – Der Jugendliche

An meinem Geburtstag tauchte Stefan auf. Er stand da mit seinem Paket und strahlte übers ganze Gesicht. Was wird er von mir wollen?, dachte ich noch kurz. Packe ich das Paket aus, war doch das Buch darin, das ich schon so lange haben wollte. Wahnsinn, dass er es für mich gefunden hat. Ich fiel ihm um den Hals. Und er: Lachen!

Schritt 3 – Das kleine Kind

Ich hatte Geburtstag. Und dann kam Stefan. Der hatte ein ganz schönes Paket für mich dabei. Und weißt du, was da drin war? Es war dieses eine tolle Buch! Wie schön! Er hatte es extra für mich überall gesucht, lieb von ihm, nicht wahr? Ich werde es sicher jetzt ganz bald lesen. Stefan ist wirklich ein netter Kerl!

Schritt 4 – Der Weise

Siehst du! Menschen tragen dich in ihrem Herzen. Was für ein Vertrauen und was für ein Reichtum ist es, wenn wir einander gegenseitig tragen und füreinander etwas bedeuten. Und was für ein erfülltes inneres Gefühl bekommen wir, wenn wir so etwas ohne Vorbehalt annehmen können. Wie gesund ist das!

Schritt 5 – Der Erwachsene

Habt vielen Dank! Ich verdeutliche mir, dass ich sehr viel Reichtum gewinnen kann, wenn ich mich wie ein unbefangenes Kind andächtig freuen kann. Etwas zu empfangen ist eine andere Sache, als etwas einfach zu kriegen. Ich werde versuchen, mir das öfter klarzumachen.

Durch diese Übung schulen wir uns darin, den unterschiedlichen Ebenen die jeweilige Aufmerksamkeit zu schenken und sie auf diese Weise ›rein‹ zu halten. Wenn wir so etwas über einen längeren Zeitraum hinweg üben, wird es zu einer Fähigkeit, die wir immer stärker im täglichen Leben quasi wie selbstverständlich anwenden können.

Die Umschaltübung

In der Umschaltübung geht es darum, besser erleben zu lernen, wie man ein bestimmtes Ereignis aus unterschiedlichen inneren Haltungen heraus betrachten kann. Damit üben wir uns darin, verschiedene Teile unserer Seele bewusster zu erfahren und zu dem in Beziehung zu setzen, was wir erleben. Bei diesen unterschiedlichen Haltungen wird das bewusste Ich eine immer bestimmendere Rolle spielen.

Diese Übung beinhaltet wieder verschiedene Schritte, in denen die Seele gewissermaßen immer ›weiter‹ wird, oder, anders ausgedrückt, in denen sich das Ich immer stärker mit der ›großen Seele‹ verbindet und das Gebiet der ›kleinen Seele‹ verlässt. Dadurch ist es in der Lage, die wesentlichen Aspekte an einem Vorgang oder einem Ereignis besser zu erkennen.

Die Übung knüpft an die soeben beschriebene Technik des Betrachtens von Grenzsituationen an, doch sie geht noch einige Schritte darüber hinaus.

Schritt 1

Suchen Sie sich ein Ereignis der jüngeren Vergangenheit und beschreiben Sie sachlich die Tatsachen. Schauen Sie, wie die Umgebung aussah und wie die daran beteiligten Menschen sich verhielten. Schauen Sie, wie die Betreffenden sich bewegten, welche Gesten sie machten und was genau gesagt wurde.

Dann blicken Sie wieder aus der Distanz auf das, was sich in Ihrer *Innenwelt* abspielte. Welche Urteile, Gefühle, Ansichten oder Impulse spielten eine Rolle?

Auf dieser Ebene benutzen Sie den ›nüchternen‹ Teil Ihrer Seele, den Wahrnehmer, der nicht emotional einbezogen ist und keine Urteile hat. Das ist ein ›sicherer Bereich‹ der Seele. Sie erleben darin Ruhe und Distanz. Aber Sie erleben auch, dass Sie nicht emotional mit dem verbunden sind, was geschieht. Kurz: Dieser Teil der Seele bietet Ihnen Sicherheit, wenn Sie ängstlich sind oder eine Bedrohung erleben, die nicht vorhanden ist. Aber er macht Sie auch einsam aufgrund der Distanz, die er aufbaut.

Schritt 2

Sie verbinden sich in diesem nächsten Schritt mit dem unmittelbar beteiligten Bereich der Seele und beschreiben nun mit den ausgelösten Emotionen und Urteilen denselben Vorfall. Alle Gefühle, die hierzu gehören, sind zugelassen. Gefühle der Angst, der Bedrohung, Begeisterung, positive oder negative Betroffenheit. Alle Urteile, die in Bezug auf die Situation oder einen anderen Menschen durch Ihre Seele zogen, dürfen geäußert werden, wie undifferenziert sie auch sein mögen. Sie wissen häufig mit einem anderen Seelenteil ganz genau, dass diese Emotionen und Urteile sich übertrieben anhören oder nur eine kleine Seite der Wahrheit zeigen, doch lassen Sie diese Einseitigkeiten einen Moment lang so stehen. Schließlich ist dies auch ein Teil von Ihnen! Und es ist ein Teil, der in Ihnen arbeitet.

In dieser Übung geht es darum, diese Seite der Seele besser kennenzulernen, um sie in einem späteren Schritt genauer zu steuern.

Dieser Seelenteil kann als die *Empfindungsseele* bezeichnet werden. In der Pubertät wird diese Seelenseite gewissermaßen geboren und sie schwingt stark in der Jugendsprache mit. In manchen Zeitungsberichten oder in der Art, wie Journalisten bei manchen Interviews ihre Fragen stellen, begegnen wir ihm ebenfalls in sehr dominanter Form.

Die Empfindungsseele ist ein Teil der ›kleinen Seele‹. Wir werden darin selbst kleiner, und auch die Welt um uns herum wird kleiner. Wir sehen lediglich, was im Moment geschieht, und haben wenig Distanz und Übersicht über das Geschehen. In der Tat: Qualitäten wie Überschau oder Moral leben nicht primär in diesem Teil der Seele, sondern eher in den höheren oder ›feineren‹ Seelenbereichen.

Schritt 3

Beim nächsten Schritt begeben Sie sich gewissermaßen wieder in einen größeren bzw. feineren Bereich der Seele.

Sie beschreiben denselben Vorfall wie bei den früheren Schritten, doch jetzt versuchen Sie zu betrachten, welche Kräfte und welche Gesetzmäßigkeiten in diesem Vorfall wirksam waren. Sie blicken jetzt gewissermaßen hinter die Kulissen des sichtbaren Geschehens und erkennen, welche Kräfte in diesem konkreten sichtbaren Vorfall wirkten. Jetzt können Sie erkennen, dass dieser Vorfall eine Wiederholung früherer Ereignisse ist, nur findet er in einem anderen Moment und mit anderen Menschen statt; eigentlich ist es genau dasselbe wie früher. Dieselben Faktoren sind wirksam, wenngleich in einem anderen Moment und mit anderen Menschen, doch auf der Ebene der *Kräfte* vollzieht sich dasselbe. Sie haben dann unter Umständen das Gefühl: »Da haben wir's! Jetzt ist es wieder so weit.« Es ist ein Gefühl, als würde ein Film abgespielt, von dem wir selbst ein Teil sind.

Auf diese Weise setzen wir den Vorfall, den wir betrachten, in den größeren Rahmen unserer Biografie. Diese erscheint gewissermaßen im Hintergrund, der Vorfall steht quasi davor, im Rampenlicht. Dies ruft die Frage hervor: Was hat das alles mit mir zu tun? Was kann ich daraus lernen?

Dieser Seelenteil schafft auch die Möglichkeit, unsere Gefühle zu vertiefen. Emotionen werden zurückgehalten und wesentlichere Gefühle können ihren Platz einnehmen. Gefühle der Wut können durch Gefühle der Betroffenheit ersetzt werden. Primäre Verurteilungen können Platz machen für mehr Verständnis und Erkenntnis. Doch auch umgekehrt: Oberflächliche Anteilnahme kann Platz machen für elementare, ursprüngliche Wut.

Dieser Seelenaspekt entwickelt sich im Leben wie von selbst, und zwar einfach dadurch, dass wir älter werden.

In der Übung erleben wir beim Übergang zu diesem Teil der Seele einen größeren Freiheitsradius. Sie schafft auch neue Möglichkeiten, eine adäquate Antwort auf die Situation zu finden.

In der anthroposophischen Terminologie bezeichnen wir diesen Seelenaspekt als die *Gemüts- und Verstandesseele*. Die Emotionen, so heftig sie in der Empfindungsseele eben sind, können sich in der Verstandes-Gemütsseele in zwei Richtungen entwickeln. Durch das verstandesmäßige Verstehen können sie relativiert werden.

Und durch die Kraft des Gemüts können sich Gefühle vertiefen oder anderen Gefühlen Platz machen. Wut kann sich zum Beispiel abschwächen und Platz machen für Trauer oder Kummer, weil diese Seele bemerkt, dass die Wut wie eine Art Abwehrmauer gegen diese Trauer fungiert. Doch die Wut kann sich auch zu moralischer Entrüstung vertiefen.

Dieser Aspekt der Seele schafft die Möglichkeit, mittels der Vernunft Gesetzmäßigkeiten wahrzunehmen, die wir in der direkten Verbindung mit der Empfindungsseele nicht erkennen; er ermöglicht es, dass die primäre emotionale Verbindung Platz macht für ein bereichertes Gemütsleben, in welchem sich Emotionen zu Gefühlen vertiefen.

Schritt 4

Ein wiederum neuer Teil der Seele kann angesprochen werden, wenn wir uns die Frage stellen: Welche Werte und Ideale sind hier im Spiel? In welchen Werten werde ich berührt? Und welcher Wert ist offenbar für mich wichtig? Dann können wir realisieren, dass meine Werte offenbar nicht für jedermann dasselbe Gewicht haben. Statt in unserem Wertegefühl verletzt zu sein, können wir zu der Schlussfolgerung gelangen, dass hier für uns eine Chance liegt, wieder etwas von unseren Werten zu verwirklichen. Häufig können wir dann erleben, dass es eine unbequeme Sache ist, für diese Werte einzustehen. Das macht uns auch verwundbar. Und diese Verwundbarkeit müssen wir dann aushalten.

Wenn wir mit den Augen dieses Seelenbereichs auf die Ereignisse blicken können, werden wir eine gewisse Milde in Bezug auf uns selbst und andere Menschen empfinden. Dies ist jedoch keine Milde, die alles unter den Teppich kehrt, sondern vielmehr eine, die das Geschehen zwar ungeschminkt wahrnimmt, aber nicht zu einer Verurteilung schreitet.

Dieser Seelenaspekt erzeugt ein Bewusstsein der moralischen und sinnstiftenden Gesetzmäßigkeiten, die wie Fäden durch unser Leben gewoben sind. Er kann auch eine Offenheit für die Existenz einer geistigen Welt und ihrer Wirkungen erwecken. Wenn wir dafür offen sein wollen, müssen die anderen Seelenteile vorübergehend schweigen. Dieses Bewusst-Sein des Geistigen trägt den Namen *Bewusstseinsseele*.

Etwas von der Qualität der Bewusstseinsseele konnten wir bereits bei der Übung des Tagesrückblicks erleben, immer dann, wenn wir das betrachteten, was an diesem Tag wesentlich war.

Schritt 5

Wenn wir einige Erfahrungen im Bereich der vorangegangenen Schritte gemacht haben, können wir uns auf die Suche nach einem noch feineren Teil der Seele begeben. Dann werden wir den Vorfall von einer überpersönlichen Warte aus betrachten. Ich spreche hier gerne von der *Engelperspektive*, aus der man die Dinge betrachtet.

Stellen Sie sich einmal vor, dass Sie aus der geistigen Welt auf sich selbst blicken. Sie sind für einen Moment nicht im selben Maße derjenige, der die Dinge erlebt, die Sie erfahren, wie Sie das bisher, in den vorangegangenen Schritten der Übung waren. Jetzt sind Sie einen Moment lang derjenige, der Ihr Leben als Mensch steuert und führt. Sie schauen jetzt aus der Perspektive des geistigen Wesens, welches ›organisiert‹, was Sie als Mensch erleben. Sie sind in diesem Zusammenhang auch der Organisator des so genannten Zufalls. Versuchen Sie, an der Situation, mit der Sie sich in den vorigen Schritten befasst haben, zu erkennen, welche *Absicht* Sie aus dem Blickwinkel des Geistwesens damit verbinden.

► Warum haben Sie das geschehen lassen?
► Und, vor allem: Was erhoffen Sie sich als Antwort jenes Menschen, der Sie sind? Betrachten Sie dies mit der Liebe, die diese

Wesen für uns Menschen, aber auch für Sie persönlich empfinden. Und auch mit dem Wissen, das diese Geistwesen von uns als Menschen haben: Sie wissen, wie schwer es ist, aus Unwissenheit heraus handeln zu müssen! Sie unterliegen in ihrer geistigen Welt keinerlei Beschränkungen ihres Wissens, wie das bei uns der Fall ist. Sie können Erstaunen darüber empfinden, wie wir hier das Leben mit all seinen Beschränkungen, die es eben so an sich hat, führen.

Diese Übung lehrt uns, umzuschalten. Wir schalten um zwischen unterschiedlichen Bewusstseinszuständen, wodurch die Welt und unsere Erfahrungen jeweils eine ganz andere Farbe und Intensität erhalten. Wir können daran lernen, uns mit unserem Ich frei in den genannten unterschiedlichen Seelenqualitäten zu bewegen. Diese unterschiedlichen *Seelen*, die Empfindungsseele, die Verstandes-Gemütsseele und die Bewusstseinsseele, haben jeweils ihre starken Seiten, aber auch ihre Grenzen. Sie ergänzen einander, wir brauchen sie alle drei. So können wir mit unserem Ich im einen Moment stärker aus unserer Empfindungsseele leben und dadurch primär reagieren, oder von innerer Erregung übermannt werden. In anderen Momenten können wir mit unserem Ich stärker aus der Verstandes-Gemütsseele oder der Bewusstseinsseele leben.

Manche Ereignisse ziehen uns häufig in den Bereich der Empfindungsseele hinein, während die Wiederverbindung mit den höheren Seelenteilen eine größere Anstrengung erfordert. Diese Übung kann uns diese drei ›Seelen‹ bewusster machen und uns lehren, uns freier zwischen ihnen zu bewegen.

Der Vorausblick

Bis jetzt haben wir im Zusammenhang der Übungen zur Erlangung größerer Geistes-Gegenwart immer über das Rückblicken gesprochen. Wir können jedoch auch Geistes-Gegenwart entwickeln in Bezug auf das, was noch kommt. Dies können wir tun, indem wir uns im Vorausblick üben.

Das ist zum Beispiel morgens nach dem Aufwachen möglich. Wir nehmen uns einen Moment lang die Zeit, den Tag, der vor uns liegt, zu überblicken. Was haben wir zu erledigen? Wo liegen die Herausforderungen, und was wollen wir mit ihnen erreichen? Wo liegen die kritischen Punkte, und wie fangen wir sie auf? Ist der Tag so zu schaffen, oder müssen wir ganz bewusst Ruhepunkte in ihm setzen?

Wir können auch an das anknüpfen, was im Kapitel über den Rückblick von den unterschiedlichen Lebensfäden gesagt wurde: Wie leben wohl diese Fäden an diesem betreffenden Tag? Wo liegen in dieser Hinsicht die Chancen und Risiken? Was wollen Sie selbst mit diesem Tag erreichen?

Die Pflege dieser Übung hilft uns, zu vermeiden, dass wir gewissermaßen in den Tag hineinfallen und uns einfach von dem mitspülen lassen, was auf uns zukommt. Wir machen dadurch den Tag gewissermaßen stärker zu ›unserem‹ Tag.

Unangreifbarkeit

Lassen Sie uns am Ende der Darstellung dieser Übung noch einmal auf das Ziel dieses Übungsweges zurückkommen.

Wir können solche Übungen durchführen, um gegen Krankheiten

vorzubeugen. Dann liegt in der Motivation eine gewisse Sorge oder eine leise Ausrichtung in Bezug auf Widrigkeiten. Auch Angst kann ein Motivationsgrund sein. Aber es kann auch eine andere Motivation mitspielen, nämlich die, dass wir den eigentlichen ›Steuermann‹ in uns besser kennenlernen und ans Ruder lassen wollen. Dann kann das Resultat des Übungsweges darin liegen, dass ein *neuer* Seelenbereich entwickelt wird, der sich über das Alltagsgeschehen erhebt. Dieser Bereich kann sich zu einem ruhigen Bezirk entwickeln, der immer weniger von den täglichen Geschehnissen beeinflussbar ist. Er wird zum Ruheort für das Ich, zu dem wir immer zurückkehren können, wenn uns die Unruhe zusetzen will. Es ist der Teil der Seele, der Ewigkeitswert hat. Er kann sich über Leben und Tod erheben. Wenn wir krank werden, wenn wir Probleme haben, gibt es immer eine Welt, in der wir sicher und ruhig verweilen können.

Zum Schluss

Viele Probleme, die uns im täglichen Leben begegnen, insbesondere die größeren Fragen unserer Biografie, erfordern zusätzliche Anstrengungen, wenn wir uns mit ihnen befassen und sie angehen wollen. Darin liegt die Kraft des Ich. Wenn wir auf die Gefahr zugehen und bereit sind, uns mit bestimmten Fragen und Problemen zu konfrontieren, begeben wir uns bildlich gesprochen ein wenig ins Dunkel. Als Gegengeste ist es gut, die Tragekraft zu stärken und stärker ins Licht hineinzugehen. Darum wirken diese Übungen seelenhygienisch.

teil 3 **spiritualität, reinkarnation und karma**

Die geistige Welt

Spiritualität geht von der Existenz einer geistigen Welt aus. Es existiert eine zweite Welt hinter der sichtbaren, in der wir mit unserem Tagesbewusstsein leben. Diese geistige Welt übt ihren Einfluss auf alles aus, was sichtbar geschieht. Die geistige Welt ist von Wesen bevölkert, die Anteil nehmen an dem, was im Menschenleben stattfindet. Sie bestimmen in unsichtbarer und subtiler Weise die Entwicklungen mit, die wir durchmachen.

Aus geistiger Perspektive erhalten die Übungen, die wir dargestellt haben, eine zusätzliche Dimension.

Wir haben die Veranlagung des Menschen auf verschiedenen Ebenen skizziert: den Körper, die Seele und das Ich. Das Ich ist dabei jene Instanz, die am unmittelbarsten in Verbindung mit dem Geistigen, das heißt, mit der geistigen Welt, steht. So wie der physische Körper seinen Ursprung im Stofflichen und in der Vererbung hat, hat das Ich seinen Ursprung in der geistigen Welt.

Bei der Geburt kommen diese beiden Ströme zusammen. Der eine Strom entstammt dem Vererbungsstrom, der Welt des Sichtbaren; sein Resultat ist der Körper, wie er im Mutterschoß heranwächst. Dieser Körper nimmt die Seele und das Ich mit dem ersten Atemzug in sich auf. Seele und Ich vollziehen damit einen letzten Schritt im Verlassen der Welt des Geistes.

Das Bild des Storches, der das kleine Kind aus den Weiten des Kosmos zur Mutter bringt, deutet auf dieses Geschehen hin.

Das Ich erlebt den Geist als sein Heimatland. Dort erlebt es seine geistigen Werte in der Gestalt von Moralität und Idealen. Dadurch kann es sich über seine stofflichen Interessen erheben. Dasselbe gilt für die Möglichkeit, sich von den Genüssen, die der Körper bietet, unabhängig zu machen: gut essen und trinken sowie die Sexualität. Das Ich ist auch in der Lage, aus diesen geistigen Idealen und Werten heraus seine persönlichen Interessen für andere oder ein höheres Ziel zu opfern. Es kann sogar bereit sein, dafür sein Leben hinzugeben.

Manchmal geraten wir in einen inneren Konflikt, wenn wir uns zwischen unseren Werten und unserem Körper bzw. den Genüssen, die der Körper uns bieten kann, entscheiden müssen. Häufig entscheiden wir uns dann dafür, unsere Werte aufzugeben. Es gibt jedoch auch Menschen, die sich in solchen Situationen für ihre Werte entscheiden. Hier ist das Ich die letzte und eigentliche Entscheidungsinstanz: Wähle ich Bequemlichkeit und Genuss, oder entscheide ich mich für meine Würde?

Werte, Ideen und Ideale sind nicht-stoffliche Kräfte. Es sind Kräfte, die in und durch einen Menschen zur Erscheinung kommen. Wenn wir in unserem Kraftfeld stehen, wirken Ideale und Werte durch uns hindurch. Sie erfüllen zunächst die ›große Seele‹ mit ihrer Qualität. Dann setzt sich ihre Wirkung bis in den Körper hinein fort: Wir nehmen sie in unser Herz auf, anders ausgedrückt, wir nehmen sie uns ›zu Herzen‹. Das Herz erwärmt aus dieser Geisteskraft heraus das Blut und lässt es vergeistigt durch den Körper strömen. Von Idealen erfüllt zu sein, ist etwas Herzerwärmendes! Auf diese Art und Weise haben sie eine gesundende Wirkung auf den Körper: Herzschlag und Kreislauf werden harmonisiert, die Atmung ruhiger und tiefer. Wir begegnen der Welt mit mehr Vertrauen und wir leiden weniger unter Stress.

Das Ich gelangt zu seiner mehr geistig orientierten Lebenshaltung häufig durch Rückschläge. Krankheiten und seelische Rückschläge machen deutlich, wie relativ die Werte sind, die mit dem Körper und oberflächlichem Glück verbunden sind. In solchen Situationen zeigt sich, dass von geistigen Werten mehr Trost und Sicherheit ausgeht.

So wie die ›große Seele‹ Nahrung aus der geistigen Welt erhält, steht die ›kleine Seele‹ unter dem Einfluss von Versuchungen. Sie beeinflussen vor allem die Empfindungsseele und versuchen uns von dort aus zu ›stören‹ und von den Vorsätzen der Nacht abzubringen. Diese Verführer kann man auch als Wesen sehen. Je nach der Kultur, aus welcher wir kommen, kann man ihnen Namen geben: Teufel, Satan, negative Entitäten, Dämonen und Gespenster, Ahriman und Luzifer. Im Mittelalter wurde ihre Wirkung auf den Charakter des Menschen durch die »sieben Todsünden« allegorisch ausgedrückt: Der Teufel verführte zu Neid (Missgunst) und Hoffart (Eitelkeit), zu Habgier und Faulheit (Herzensträgheit), Wollust (Unkeuschheit), Wut (Rachsucht) und Völlerei (Maßlosigkeit).

Wenn man solchen Eigenschaften verfiel, war man vom Teufel besessen. Hatte das Leben überwiegend im Dienst des Teufels gestanden, so war das auch im Leben nach dem Tod bestimmend. Dann kam man in die Hölle. Stand das Leben überwiegend im Dienst der guten Götter, hatte man also ein tugendsames Leben geführt, dann hatte man sich die Chance auf ein Dasein im Himmel erworben.

Beim anthroposophischen Schulungsweg, zu welchem die beschriebenen Übungen gehören, gibt es auch Übungen, die eine verstärkte Sensibilität für die Wirkung solcher Verführer erzeugen. Die Vergegenwärtigung alltäglicher Grenzerlebnisse ist dafür ein Beispiel.

Durch die Pflege meditativer Übungen können wir mit unserem Bewusstsein in die Welt vordringen, in der diese Wesen leben. Dann erkennen wir, dass es ein großer Unterschied ist, ob wir uns der Kräfte bewusst sind, die da wirksam sind, oder ob wir von *Wesen* sprechen, die solche Kräfte erst hervorbringen. Wesen haben eigene Intentionen; Kräfte *wirken* lediglich. Mit Wesen können wir in ein Gespräch kommen, mit Kräften ist dies nicht möglich.

Wir sind in unserer Kultur nicht mehr gewohnt, über die Existenz konkreter geistiger Wesen und die Art und Weise, wie sie auf unser

Leben einwirken, nachzudenken. Im Altertum war dies anders. Damals erlebte man hinter den wirksamen Kräften eine Welt von Göttern. Hinter jedem Ideal, hinter jedem Wert stand eine eigene Gottheit. Diese Götter waren die Träger der Ideen und Ideale, und in ihnen hatten die Werte ihren Ursprung. »Aus Werten leben« bedeutete, sich für die Wirkung der Götter zu öffnen und sie durch sich hindurch wirken zu lassen. Fasst man dies in einen Begriff zusammen, bedeutete das: *Begeisterung*. Wörtlich heißt dies: von einer göttlichen Kraft erfüllt sein.

So betrachtet sind wir in unserem irdischen Leben ständig von geistigen Wesen umhüllt. Sie sind jederzeit gegenwärtig und wirken den ganzen Tag lang auf uns ein. Auf welche Weise und wie stark diese Wirkung ist, hängt unter anderem damit zusammen, wie stark wir damit leben und uns dafür öffnen. Wenn wir uns selbst dafür öffnen wollen, muss die ›kleine Seele‹ erst in ausreichendem Maße zur Ruhe gebracht werden. Triebe, Begierden und Urteile müssen gezügelt werden. Und dies erfordert wiederum die Anstrengung des Ich.

Die Kraft des Ich, die für die Disziplinierung der Kräfte der ›kleinen Seele‹ gebraucht wird, kann durch die Übungen der *Selbstbetrachtung* (siehe Seite 111f.) gestärkt werden.

Tag und Nacht, Leben und Tod

Wenn wir einschlafen, wird die Verbindung zwischen Seele und Körper unterbrochen. Die Seele und das Ich lassen den Körper los. Das Bewusstsein zieht sich zurück und die Seelenqualitäten verlieren vorübergehend ihre sichtbare Wirkung. Wir sehen den Körper im Schlafzustand im Bett liegen. Tagsüber stellt der Körper viel von seiner Vitalität der Seele zur Verfügung, indem er die Sinnesorgane und Muskeln aktiv arbeiten lässt und dem Denken und dem Gefühlsleben Energie verleiht. Während der Nacht zieht sich die Vitalität in den Stoffwechsel zurück, um den Körper zu regenerieren. Dieser erholt sich von den Anstrengungen des Tages, sodass er sich am nächsten Tag wieder erfrischt anfühlt.

Und die Seele und das Ich? Was tun sie? Sie verlassen den physischen Körper und werden in die geistige Welt aufgenommen. Dort führen sie ihr eigenes Leben, nun jedoch ohne den Körper. Normalerweise vertrauen wir während des Lebens hauptsächlich auf unsere Sinne, mit denen wir die physische Welt wahrnehmen können: Augen, Ohren und Tastsinn. Unser Denken stützt sich hauptsächlich auf die Wahrnehmungen dieser Sinne. Doch wenn wir nachts den Körper verlassen, können wir diese Sinne nicht mehr benutzen, wir brauchen andere Sinne. Diese gibt es tatsächlich: Es sind die Sinnesorgane der Seele, mittels derer wir durch bestimmte Gefühle die geistigen Kräfte erfahren und die dahinter verborgenen Wesen wahrnehmen können. In unserer Kultur herrscht wenig Interesse für die Geistwelt und die Organe, mit denen sie wahrgenommen werden kann. Dadurch werden die dafür notwendigen Sinne auch nicht entwickelt. Das hat zur Folge, dass wir nur wenig Bewusstsein aus der Nacht mitnehmen, also nur wenig Ahnung von dem haben, was wir nachts durchmachen.

In der geistigen Welt begegnet das Ich den Wesen, die mit unserem Erdendasein verbunden sind. Sie sind bereits seit der Schöpfung der Erde und der Menschheit mit uns verbunden und stehen noch immer inspirierend hinter der Entwicklung, die wir als Menschen durchmachen.

In diese Welt treten wir also ein, wenn wir einschlafen, und dort bleiben wir mit unserer Seele und unserem Ich, bis wir wieder erwachen. Nach dem Tod halten wir uns dort länger auf, was bis zur nächsten Verkörperung andauert.

Bevor wir unser Erdenleben antraten, haben wir gemeinsam mit diesen Wesen eine Art von ›Arbeitsprogramm‹ für das kommende Leben ausgearbeitet. Die ›Expedition‹ in eine neue Verkörperung haben wir dort, in der geistigen Welt, in Zusammenarbeit mit ihnen geplant, zusammen mit den Zielen, die damit verbunden sind. Diesen geistigen Plan können wir *Karma* nennen. Sein Ziel ist ein dreifaches:

In erster Linie zielt er darauf ab, dass Sie als Mensch in Ihrer Entwicklung und der der Menschheit einen Schritt vorwärts machen. In jeder Kulturperiode gibt es neue Entwicklungsmöglichkeiten. Unsere Zeit schafft die Möglichkeit, zu mehr Selbstbewusstsein zu gelangen und damit unsere Seelenprozesse zu steuern. Vor hundert Jahren war die Kultur noch nicht in dieser Weise ausgerichtet. Heute bietet sich diese Möglichkeit. Dazu gehört auch das Entwickeln eines eigenen, persönlichen Verhältnisses zur geistigen Welt. In den zurückliegenden Jahrhunderten wurde dieses Verhältnis von der Kirche gesteuert und vermittelt. Heute suchen viele Menschen ihre eigene, persönliche Verbindung mit dem Geistigen und eine eigene Form des religiösen Erlebens.

Zweitens begegnen wir in diesem Leben Hindernissen aus einem früheren Dasein. Sie können sich durch unangenehme, lästige Eigenarten der Konstitution äußern, wie sie in diesem Buch bereits beschrieben wurden. Oder aber in der Anlage zu Krankheiten oder Behinderungen. Neben den Einflüssen aus der Jugend und der Vererbung können wir in der Konstitution die Einflüsse aus einem früheren Leben vermuten. Sie bilden häufig im jetzigen Leben ein Hindernis für die Entwicklung zur Freiheit.

Der dritte Aspekt des vorgeburtlichen Plans bezieht sich auf das Verhältnis zu anderen Menschen. Darin suchen wir nach neuen Verbindungen, neuen Formen des zwischenmenschlichen Umgangs und des sozialen Miteinanders. Die ›Arbeitsaufträge‹ aus früheren Leben, aus denen viele Störungen in den Beziehungen zu anderen Menschen mitgebracht wurden, rufen danach, weitergeführt zu werden.

Bei der Geburt verlieren wir die bewusste Verbindung mit dieser Welt unseres Ursprungs und ihren Wesen. Der geistige ›Coach‹, mit dem wir den Lebensplan ausarbeiteten, bleibt dort zurück, er bleibt aber lenkend in die Zufälle und Inspirationen unseres Lebens einbezogen. Dabei muss er unsere persönliche Freiheit gewährleisten, er darf also nicht zu stark eingreifen. Wir müssen selbst aus unseren Taten lernen. Jede Nacht kehren wir zu ihm zurück, und jeden Morgen verlassen wir ihn wieder. Nachts ›erzählen‹ wir ihm, was die Erfahrungen des zurückliegenden Tages waren. Um wie viel sind wir mit den Dingen weitergekommen, die zu unserem Karma gehören? Er wiederum inspiriert uns mit seinen Kräften und Erkenntnissen und hilft uns so, am nächsten Tag die Dinge wieder frisch und neu zu betrachten. So herrscht eine lebendige Wechselwirkung zwischen den Wesen der Geistwelt und dem Ich des Menschen.

Unter dieser großen Perspektive erhalten die in diesem Buch dargestellten Übungen eine zusätzliche Dimension.

Die Übung der *Selbstbetrachtung* (siehe Seite 111 f.) verstärkt das Ich-Bewusstsein, sie macht das Ich sowie die ›große Seele‹ zudem auch freier vom Körper und der ›kleinen Seele‹. So beginnen wir, immer stärker unseren eigenen geistigen Anteil zu erleben. Es ist eine vorbereitende Übung, mit der wir uns, aus diesem geistigen Anteil heraus, der Welt des Geistes und den Wesen, die dort beheimatet sind, zuwenden können.

Der *Tagesrückblick* (siehe Seite 117 f.) hilft dem Ich, seine Erfahrungen auf eine besser geordnete Art und Weise mit in die Begegnungen während der Nacht hereinzunehmen. Der Blick auf den Fortschritt in den unterschiedlichen Lebensfäden bedeutet noch einen zusätzlichen Schritt bei dieser ordnenden Tätigkeit.

Die Übung zum Unterscheiden des *Wesentlichen vom Unwesentlichen* (siehe Seite 118 f.) trägt dazu bei, die wichtigen Erfahrungen in die Nacht mitzunehmen und dadurch dem ›nächtlichen Dialog‹ mehr Inhalt zu verleihen.

Die Wesen der geistigen Welt sind ständig um uns und lenken unser Leben mit. Sie ermöglichen uns Erfahrungen. Viele ihrer Signale sind allerdings so subtil, dass sie uns zunächst entgehen. Doch wir können ein Sinnesorgan entwickeln, um aufmerksamer für sie zu werden und ihre Wirkung wahrzunehmen. Der beschriebene Aspekt des Rückblicks auf die *Wunder* und die *Geschenke* kann dazu beitragen. Wundern können wir in der Natur oder im Wirken des Zufalls begegnen. Und Geschenke werden uns häufig von Menschen gemacht, aber auch von scheinbar zufälligen Umständen. Hinter ihnen können wir Wirkungen der geistigen Welt vermuten.

Geistige Wesen sind zudem *Inspiratoren*, die uns auf Ideen bringen können. So benutzen sie uns, um anderen Menschen Geschenke zukommen zu lassen. Selbst erfassen wir dies häufig nicht, weil wir im Allgemeinen viel zu wenig davon wissen, was andere Menschen brauchen. Sie wissen es ja auch selbst nicht immer.

Der Rückblick auf die *Grenzerfahrungen* (siehe Seite 122f.) hilft uns, ein stärkeres Bewusstsein für die Schicht auszubilden, die sich hinter diesen Erfahrungen verbirgt. Dies ist beispielsweise die Welt der Versucher. Sie machen uns häufig das Leben schwer, indem sie dafür sorgen, dass wir mit unseren Begierden und Wünschen beschäftigt sind. Dadurch kommen wir häufig nicht dazu, zu durchschauen, dass das Treffen einer Entscheidung uns helfen würde, aus der Verwirrung herauszukommen. Die Entscheidung, etwas zu tun bzw. nicht zu tun, schafft Klarheit. Wenn wir zweifeln, werden wir festgehalten.

Durch die *Umschaltübung* (siehe Seite 138f.) verstärken wir jenen Teil der Seele, der in der Nacht seine eigenen Wege geht. Sie hilft uns, die Erfahrungen des Tages stärker in das Licht des Geistes zu rücken.

So können die beschriebenen Übungen mehr oder weniger bewussten Einfluss auf den Kontakt bewirken, den wir während der Nacht mit der geistigen Welt haben.

Ein weiterer Schritt auf dem Weg zum Bewusstsein solcher höheren Welten ist die *Meditation*. Dieser Begriff ist genauso schillernd wie die vielen Formen, in denen Meditation heute betrieben wird. Bei den aus der Anthroposophie entwickelten Meditationstechniken handelt es sich nicht primär darum, innere Ruhe und Stille zu erzeugen, sondern darum, Sinnesorgane zu erwecken, durch die wir fähig sind, Wahrnehmungen in der geistigen Welt zu haben. Diese Organe sind in jedem Menschen im Keim vorhanden und lassen sich durch Übungen stärken. Wir können mithilfe dieser Organe die geistige Welt mit ihren Kräften und Wesen genauso klar wahrnehmen, wie wir es gewohnt sind, uns in der physischen Welt zu orientieren. Mithilfe dieser Sinnesorgane kommen wir in einen direkten Kontakt mit ihnen. Dann sprechen wir mit den Wesen aus der geistigen Welt. Dann sprechen wir mit den Göttern.

Alle Übungen des inneren Abstandnehmens, wie wir sie zuvor beschrieben haben, sind in erster Linie *hygienische* Übungen. Ob Sie nun an eine geistige Welt glauben oder nicht – sie helfen Ihnen, die steuernde Kraft des Ich zu stärken. Und dies wiederum hilft ihnen, Ordnung in Ihr Leben zu bringen.

Blicken Sie aus einer geistigen Perspektive auf Ihr Leben, so helfen die Übungen Ihnen dabei, die Kluft, die sich zwischen der Alltagswelt und der Welt des Geistes auftut, zu verkleinern.

Nachwort

Am Ende dieses Buches blicke ich zurück und sehe alle Menschen vor mir, die in den Beispielen zitiert wurden. Sie alle haben auf ihre Weise zu diesem Buch beigetragen, stärker jedoch noch zu dem Weg, den ich in meiner Arbeit und als Buchautor gehe. Dank ihnen strömen mir die Erkenntnisse in der biografischen Menschenkunde zu. Ich brauche die reiche Ernte nur einzufahren. Es gibt mir ein Gefühl des Reichtums, dass ich solche Begegnungen haben darf.

Auch möchte ich den Menschen danken, die an der Gestalt mitarbeiteten, die dieses Buch letztlich erhalten hat, indem sie es kritisch gegenlasen oder ihre Kommentare beisteuerten.

Und zum Schluss danke ich dem Verleger, der mich mit energischem Schwung dazu stimulierte, dieses Buch fertigzustellen.

Und jetzt?

In diesem Buch lag der Hauptakzent auf dem Thema der Konstitution und den unterschiedlichen Konstitutionsarten, die sich unterscheiden lassen. Was sonst noch alles in der Seele geschieht, blieb dagegen mehr im Hintergrund.

In meiner Arbeit und bei meinen Kursen ist das anders. Dort gehe ich viel weiter mit meiner Forschung in Bezug darauf, welchen Wesen wir in der Seelenwelt begegnen und welche Dynamik sich da entwickelt. Wie begegnen wir dort beispielsweise den Gespenstern und Dämonen? Wie begegnen wir unbewusst den helfenden Engelwesen und den Wesen, die uns zu Taten inspirieren, die ihre Heimat in unseren Idealen haben? Ich hoffe, in einem Folgeband darauf weiter eingehen zu können.

Jaap van de Weg, Frühjahr 2007

Der Autor

Jaap van de Weg (geboren 1948) ist praktischer Arzt. Nach fünfzehnjähriger Tätigkeit in einem Therapiezentrum eröffnete er eine Praxis für Psychosomatik und Entwicklungsfragen in Zeist/NL. Fragen seiner Patienten nach dem Sinn von Krisen und Krankheiten regten ihn an, sich mit den Gesetzmäßigkeiten des Einweihungsweges zu beschäftigen. Wer diese Prozesse kennt, kann Probleme aktiv als Entwicklungschancen begreifen und im Leben fruchtbar damit umgehen. Sein Motto: Mach aus deinen Problemen ein Projekt!
Im Verlag Urachhaus sind bereits von ihm erschienen: *Vom Sinn der Hindernisse. Einweihungsmotive im täglichen Leben* und *Hinter dem Schleier. Meditation für Einsteiger.*